rororo

Hamed Abdel-Samad, geboren 1972 bei Kairo, studierte Englisch, Französisch, Japanisch und Politik. Er arbeitete für die UNESCO, am Lehrstuhl für Islamwissenschaft der Universität Erfurt und am Institut für Jüdische Geschichte und Kultur der Universität München. Abdel-Samad war Mitglied der Deutschen Islam Konferenz und zählt zu den profiliertesten islamischen Intellektuellen im deutschsprachigen Raum. Er ist Autor zahlreicher Bücher, darunter die Bestseller «Mein Abschied vom Himmel. Aus dem Leben eines Muslims in Deutschland» (2010) und «Mohamed. Eine Abrechnung» (2015).

Hans Rath, Jahrgang 1965, wurde im niederrheinischen Straelen geboren. Er studierte Philosophie, Germanistik und Psychologie in Bonn, arbeitete einige Jahre in Köln und lebt heute mit seiner Familie in Berlin, wo er unter anderem als Drehbuchautor tätig ist. Mit seiner Romantrilogie um den Mittvierziger Paul Schuberth hat Rath sich eine große Fangemeinde geschaffen. Zwei der Bücher wurden bereits fürs Kino verfilmt. Raths aktueller Roman heißt «Und Gott sprach: Du musst mir helfen!». Er ist das Finale der Und-Gott-sprach-Trilogie, einer Komödie über die großen Fragen der Menschheit.

Hamed Abdel-Samad, Hans Rath

Ein Araber und ein Deutscher müssen reden

Rowohlt Taschenbuch Verlag

* Zitat auf S. 14–15 aus Ernst-Wolfgang Böckenförde, *Staat, Gesellschaft, Freiheit*. 1976, S. 60.

** Zitat auf S. 57–58 aus Erich Kästner, «Das Führerproblem genetisch betrachtet», aus: *Gesang zwischen den Stühlen* © Atrium Verlag AG, Zürich 1946 (ISBN 978-3-85535-380-4).

*** Zitat auf S. 91 aus Zeit Online, 27. 12. 2014.

Veröffentlicht im Rowohlt Taschenbuch Verlag,
Reinbek bei Hamburg, Februar 2016

Umschlaggestaltung ZERO Werbeagentur, München
Umschlagabbildung FinePic, München
Satz aus der ArnoPro PostScript, InDesign
Gesamtherstellung CPI books GmbH, Leck, Germany
ISBN 978 3 499 63198 6

Ein Araber und ein Deutscher müssen reden

Statt eines Vorwortes

Hamed Abdel-Samad und Hans Rath
über dieses Buch

Warum müssen sich ein Politikwissenschaftler, der als islamkritischer Publizist bekannt geworden ist, und ein Unterhaltungsautor, der sich mit zwei komödiantischen Trilogien einen Namen gemacht hat, öffentlich Gedanken über die politische Entwicklung von Deutschland machen?

Zunächst einmal: Jeder von uns macht sich diese Gedanken sowieso. Und weil wir uns kennen und schätzen, reden wir darüber. Als wir im Herbst 2015 unabhängig voneinander Ideen zu ähnlichen Buchprojekten hatten, beschlossen wir, es gemeinsam zu versuchen. Im Grunde eine Schnapsidee, weil wir bei allem Verständnis und aller Wertschätzung füreinander sehr verschiedene Menschen in sehr verschiedenen Lebenssituationen mit sehr verschiedenen Weltanschauungen sind, die außerdem sehr verschiedene Bücher schreiben.

In E-Mails, die wir über das geplante Buch austauschten, wollten wir zunächst nur ausloten, worum es genau gehen sollte und wie wir das Ganze angehen würden. Ein Buch über die Flüchtlingskrise wollten wir. Ein Buch, das erklärt, wie die Deutschen ticken. Ein Buch, das denen etwas gibt, die gerade ängstlich, wütend, ratlos sind. Und plötzlich uferte unser Austausch – der mitunter zum Schlagabtausch wurde – so aus, dass wir merkten: Wir müssen es dabei belassen. Wir finden kein Patentrezept, wir finden nicht die eine, rettende Antwort.

Was wir jedoch gefunden haben, ist eine einfache Wahrheit: Wir haben nur dann eine Chance, unsere Probleme zu meistern, wenn wir völlig offen und ehrlich miteinander umgehen. Alles andere bringt uns nicht weiter.

Lieber Hamed,

unser Buchprojekt macht nicht die geringsten Fortschritte. Kein Wunder, wenn ein Araber im Team ist. Hier deshalb ein konstruktiver Vorschlag von deutscher Seite: Lass uns doch die Tugenden noch einmal näher betrachten. Ein neues Deutschland könnte neue Tugenden gebrauchen. Und arabische Asylanten könnten die deutschen Tugenden um arabische Tugenden bereichern. Was mich zu der Frage bringt: Gibt es überhaupt arabische Tugenden?

Liebe Grüße
Hans

Lieber Hans,

diese Denkweise ist mal wieder typisch deutsch. Selbstverständlich gibt es arabische Tugenden:

Gastfreundschaft, Bescheidenheit, Lebensfreude und Humor. Gerade jetzt braucht ihr Deutschen diese Tugenden, dann klappt es auch mit dem syrischen Nachbarn!

Friede sei mit Dir
Hamed

Lieber Hamed,

das stimmt, wir Deutsche könnten mehr Humor gebrauchen. Gerade in letzter Zeit ist er einigen meiner Landsleute abhandengekommen, weil sie befürchten, die arabische Lebensfreude dauerhaft finanzieren zu müssen. Was ein Deutscher wissen will, wenn er einen Araber nach seinen Tugenden fragt, ist natürlich nicht, ob ihr nette, gastfreundliche, bescheidene, lebensfrohe und humorvolle Menschen seid, sondern ob ihr Tugenden habt, mit denen man komplizierte technische Geräte bauen oder wenigstens eine gutgehende Gastronomie betreiben kann. Die Blumen und der viele Kuchen morgens an den Bahnhöfen sind nämlich nicht der Normalfall in

Deutschland. Eigentlich arbeiten wir um diese Zeit!

Liebe Grüße
Hans

Lieber Hans,

wenn Du Tugenden wie Gesetzestreue, Disziplin, Pünktlichkeit und Tapferkeit meinst, mit denen Ihr zwei Weltkriege angezettelt und beide verloren habt, dann haben wir in der Tat nicht viel davon. Aber auch bei Euch, mein Freund, ist es heute damit nicht mehr weit her. Denk an VW, den DFB, die Deutsche Bahn und den Berliner Flughafen, der nie fertig werden wird! Denk an Harald Juhnke, Ralph Siegel und Alice Schwarzer! Also vergiss Eure Tugenden der Vergangenheit und lass uns über das reden, was uns beide in Zukunft verbinden könnte. Was könnte das sein?

Hamed

Lieber Hamed,

so wie ich das sehe, sind die Deutschen längst nicht mehr tapfer, sonst würden nicht überall im Land feige Brandstifter und Krawallbrüder auftauchen, um ihre Vorstellungen von einem «sauberen» Deutschland durchzusetzen. Tapfer wäre es ja, sich den anstehenden Problemen gemeinsam und konstruktiv zu stellen. Aber es ist bequemer, einfache Lösungen zu propagieren.

Was allerdings die Tugend der Gesetzestreue betrifft, um mal damit anzufangen, so halte ich diese für elementar, und zwar nicht nur, um jene zu beruhigen, die angesichts der Flüchtlingsströme um ihre Sicherheit bangen und sich schon als Opfer diverser Gewaltverbrechen sehen – ausschließlich verübt von düster dreinblickenden Typen mit Krummsäbeln und Zottelbärten. Ich finde Gesetzestreue auch mit Blick auf die besagten Krawallbrüder und Brandstifter wichtig. Wenn die gesellschaftliche Mitte auf die Gesetze und deren Anwendung vertraut, dann wird dort auch eine Haltung verankert, die sich gegen den Druck der Extreme behaupten kann. Da wäre doch ein Schulterschluss drin, oder?

Hans

Lieber Hans,

Gesetzestreue ist schön und gut, aber wer macht sich die Mühe und liest diese Gesetze überhaupt? Dass man weder töten noch stehlen darf, wissen wir ja alle. Ich sehe, wie die Regierung die 19 Artikel des Grundgesetzes ins Arabische übersetzt, an die neu ankommenden Syrer verteilt und darauf hofft, dass sie dadurch verstehen, wie Deutschland tickt. Das ist nicht nur typisch deutsch, sondern auch naiv! Denn ich kenne keinen einzigen Araber, der Gebrauchsanweisungen liest. Man fummelt einfach an seinem neuen Handy oder an der Kamera herum, bis sie funktionieren oder eben den Geist aufgeben. Außerdem verpflichten die 19 Artikel des Grundgesetzes weder Deutsche noch Flüchtlinge zu irgendwas. Es sind eher Abwehrrechte, die den Staat verpflichten, die Würde seine Bürger zu achten, sie vor dem Gesetz gleich zu behandeln, ihr Recht auf Versammlungs- und Meinungsfreiheit nicht zu beschneiden. Sie sind aus den Ängsten der Vergangenheit entstanden, dass der Mann mit dem Schnurrbart wieder auftauchen könnte.

Aber das Grundgesetz garantiert nicht, dass wir Bürger, ob Deutsche, Araber oder Marsmännchen, uns an diese Werte halten. Das Gesetz gibt uns das Recht zu wählen, aber garantiert nicht, dass wir auch tatsächlich wählen gehen. Es räumt uns das Recht ein, demokratische Institutionen und Parteien zu gründen, aber es kann uns keine demokratische Gesinnung einimpfen. Es garantiert uns das Recht auf Freiheit und persönliche Entfaltung, aber es garantiert nicht, dass wir die Freiheit schätzen, ausleben und notfalls verteidigen.

Der Bundesverfassungsrichter a. D. und Rechtsphilosoph Ernst-Wolfgang Böckenförde schreibt: «Der freiheitliche, säkularisierte Staat lebt von Voraussetzungen, die er selbst nicht garantieren kann. Das ist das große Wagnis, das er, um der Freiheit willen, eingegangen ist. Als freiheitlicher Staat kann er einerseits nur bestehen, wenn sich die Freiheit, die er seinen Bürgern gewährt, von innen her, aus der moralischen Substanz des Einzelnen und der Homogenität der Gesellschaft, reguliert. Andererseits kann er diese inneren Regulierungskräfte nicht von sich aus, das heißt mit den Mitteln des Rechtszwanges und autoritativen Gebots, zu garantieren suchen, ohne seine Freiheitlichkeit aufzugeben und – auf säkularisierter Ebene – in jenen Totalitätsanspruch zurückzufallen, aus dem er in den konfessionellen Bürgerkriegen herausgeführt hat.»

Ich hoffe, Dein Deutsch reicht aus, um dieses Zitat zu verstehen. Meine bescheidene arabische Intelligenz liest daraus, dass das Gesetz allein niemals ausreicht, um eine Gesellschaft im Inneren zusammenzuhalten. Dazu braucht es Werte, die der Staat weder vorschreiben noch garantieren kann: Freiheitssinn, Demokratieverständnis, Solidarität und Zivilcourage. Woher damit?

Als ich neu nach Deutschland kam, erschien mir Deutschland wie ein Geheimbund, mit geheimen Regeln und einer geheimen Sprache, die nirgendwo niedergeschrieben wurden. Jeder Deutsche schien mir wie ein Sachverständiger zu sein, der alles weiß, alles hinterfragt, aber alles beim Alten lässt. Oft hörte ich den Satz: «So was macht man nicht!» Ich habe nie verstanden, was es ist, das man nicht machen darf, und wer das bestimmt. Und wer verdammt noch mal ist «man»? Gibt es so was wie einen deutschen Common Sense? Vielleicht kannst Du mir da weiterhelfen.

Liebe Grüße
Hamed

Mein Bester,

kann Deinen und den Salbader von Böckenförde erst morgen beantworten. Habe für heute von meiner Frau Arbeitsverbot bekommen, weil Familientag.

Liebe Grüße
Hans

Lieber Hans,

glaubst Du, dass ich keine Familie habe? Wir Araber haben die Familie praktisch erfunden, trotzdem arbeiten wir jeden Tag, zumindest ein paar Minuten, auch am Freitag. Gib zu, Du hast einfach Angst vor Deiner Frau! Und mit dieser Angst kommen wir nicht weiter, mein Freund. Wie willst Du mir deutsche Tugenden beibringen, wenn Du sie in Deinem eigenen Haus nicht durchsetzen kannst?

Wo bleibt die gute alte deutsche Arbeitsmoral? Wo sind die Zeiten geblieben, in denen deutsche Arbeitskollegen sich nach der Mittagspause von mir mit «Frohes Schaffen» verabschiedet haben? Frohes Schaffen! Nur Deutsche können Schaffen und Freude in einem Atemzug aussprechen. Für euch Deutsche war der Fleiß doch immer so wichtig, dass ihr das Wort «Arbeit» im Zusammenhang mit Sachen gebraucht habt, die mit Arbeit eigentlich nichts zu tun haben sollten, wie etwa «Beziehungsarbeit» oder noch besser «Trauerarbeit». Aber heute will der kleine Hans den ganzen Sonntag lang zu Hause hocken und seine Familie unterhalten. Wird Dir dabei nach zwei Stunden nicht langweilig? Familientag! Dass ich nicht lache!

Genieße Deinen verdammten Sonntag!

Zutiefst beleidigt
Hamed

Liebe beleidigte Halal-Leberwurst,

ich kann Dir versichern, dass die Angst vor der eigenen Frau auf der Top-Liste der deutschen Ängste relativ weit unten steht. Das liegt allerdings nicht daran, dass wir mutige Männer sind. Der

Deutsche hat lediglich andere Angst-Prioritäten. Wir fürchten uns vor Naturkatastrophen und Terrorismus, obwohl beides bei uns relativ selten vorkommt. Außerdem haben wir Angst davor, im Alter als Pflegefall zu enden. Darüber tröstet uns auch nicht hinweg, dass wir dem entgehen könnten, wenn wir zuvor Opfer von Naturkatastrophen oder Terrorismus werden. Wir haben Angst vor überforderten Politikern (verursacht durch Flüchtlinge), vor steigenden Lebenshaltungskosten (verursacht durch Flüchtlinge), vor innenpolitischen Spannungen (verursacht durch Flüchtlinge), vor einer Verschlechterung der Wirtschaftslage (verursacht durch Flüchtlinge) und davor, dass unsere Kinder drogensüchtig werden könnten (selbstverständlich angefixt von drogendealenden Flüchtlingen). Dass sämtliche Straftaten in diesem Land ausnahmslos auf das Konto von Ausländern gehen, wollen wir nicht pauschal behaupten, allerdings nur aus Angst, dass das ausländerfeindlich klingen könnte. Wir haben immer und grundsätzlich Angst vor Armut und Arbeitslosigkeit. Wir fürchten sogar, dass Ausländer uns Arbeitsplätze wegnehmen könnten, die wir selbst gar nicht haben wollen. Das Gleiche gilt übrigens auch für Wohnungen inklusive jener, die leer stehen.

Übrigens haben wir auch Angst vor Vereinsamung im Alter. Die halte ich allerdings ausnahmsweise für völlig gerechtfertigt, weil sich niemand mit phobischen Tattergreisen herumschlagen möchte.

Aber kommen wir zu den rechtsphilosophischen Spitzfindigkeiten von Dir und Böckenförde. Sie sind einerseits gerechtfertigt, andererseits beschränkt sich unser Wissen darum, was richtig und falsch ist, nicht allein darauf, dass wir Mord und Totschlag (inzwischen) als suboptimale Mittel zur Konfliktlösung betrachten. Sicher, dem Deutschen an sich ist wohler, wenn er eindeutige Kategorien definieren kann. Gäbe es eine europäische Norm für Freiheit und Toleranz (ich vermute, in Brüssel arbeitet man schon dran), die Deutschen wären die Ersten, die sie penibel umsetzen würden. Aber das Grundgesetz trägt nicht umsonst als Zweitnamen den Begriff «Verfassung». Hier geht es nicht um eindeutig skalierbare Größen, sondern um die Beschreibung eines lebendigen Organismus. Und auch das macht den Deutschen Angst. Ein kompliziertes System, das sich in Bewegung befindet und nicht von deutschen Ingenieuren gebaut wurde, weckt grundsätzlich unseren Argwohn.

Es war übrigens ein sehr schöner Sonntag. Vielleicht beginne ich den nächsten mit einem Kirchgang, damit mir meine Leitkultur nicht flöten geht.

Sonnig und erholt
Hans

Lieber Hans,

wenn ich Dich richtig verstanden habe, ist die German Angst nicht mehr als eine Phobie, die völlig unbegründet ist. Der Deutsche habe Angst vor allen möglichen Horrorszenarien, die in Wirklichkeit nicht eintreten werden. Und jetzt kommen die Flüchtlinge und verleihen diesen Ängsten eine realistische Note. Das meinst Du doch nicht ernst, oder? Ich finde es beschämend, wie Du 80 Millionen Menschen so einfach als pathologisch Kranke bezeichnest, die Angst vor dem Nichts haben. Diese menschenverachtende Verunglimpfung verurteile ich aufs schärfste, und ich halte den Vorwurf für vollkommen ungerechtfertigt. Ich glaube, die größte Angst, die die Deutschen haben, ist die Angst, von der eigenen Vergangenheit eingeholt zu werden, die Angst, sozusagen «rückfällig» oder von einer neuen Diktatur überrannt zu werden.

Ich finde es wichtig, dass man die Fehler der Vergangenheit nicht wiederholen will. Diese Angst ist nicht nur menschlich, sondern auch teilweise begründet. Denn keiner scheint im Moment zu wissen, wohin die Reise führt, und Durchhalteparolen reichen nicht mehr aus, um den Menschen ihre Ängste zu nehmen. Außerdem basiert die Angst der Deutschen vor sozialem Abstieg und vor dem Terrorismus auf Fakten: Die Mittelschicht schrumpft, der Euro schwankt, die Renten sind nicht mehr sicher, und die Kriminalität, leider auch unter Jugendlichen mit Migrationshintergrund, steigt. War die Angst vor dem Terrorismus in der Vergangenheit abstrakt, ist sie heute konkret, wenn man weiß, dass sich über 700 Deutsche nach Syrien und Irak abgesetzt haben, um für die Sache Allahs zu kämpfen, und Tausende andere Islamisten hier leben und die gleiche Gesinnung wie der IS haben. Gleichzeitig kommen binnen Monaten über eine Million Menschen zu uns aus jener Region, wo die Diktatur, die Religion, die Bildung und die Medien alles getan haben, um eine Kultur des Hasses zu züchten. Selbstverständlich sind die meisten dieser Flüchtlinge friedlich und wollen nur in Ruhe leben, aber man kann nicht ausschließen, dass auch Terroristen oder zumindest radikale Islamisten und Reaktionäre darunter sind. Auch viele, die mit Religion nicht viel am Hut haben, verachten Europa und seine Werte.

Es gibt zwei Sorten von Angst: die Angst, die uns animiert, zu handeln und konstruktive Lösungen zu suchen, und die Angst, die uns lähmt oder uns anstiftet, Dummheiten zu begehen. Die einen engagieren sich wegen ihrer positiven Ängste für Flüchtlinge, und die anderen fackeln wegen ihrer negativen Ängste Asylantenheime ab.

Aber immerhin sind die Menschen, die konstruktive Lösungen suchen, viel zahlreicher und viel bedeutender als die, die aus Angst eine Anklage und aus einer Anklage Hass und Gewalt machen. Dennoch mache ich mir Sorgen (ja, auch ich als Araber habe das Recht, Sorgen zu haben, auch wenn es nicht im Grundgesetz steht). Ich mache mir Sorgen, dass die Ängste, die Menschen voreinander haben, wachsen und die Stimmung im Lande weiter vergiften werden. Die Extremisten aus allen Lagern sind zwar in der Minderheit, aber es ist eine lautstarke und aktive Minderheit, die ihre Anhänger leichter mobilisiert. Jedes Lager sieht sich einerseits als Opfer, andererseits als der Retter Deutschlands mit einem moralischen und politischen Auftrag im Rücken. Auch Vertreter etablierter Parteien beteiligen sich leider an dieser Spaltung, indem sie warnend von einem neuen «Dunkeldeutschland» sprechen, dessen Bürger diejenigen sind, die Kälte und Hass in sich tragen. Das wiederum schürt mehr Anklagen beziehungsweise Hass und Gewalt. Die Spaltung nimmt immer mehr zu, und jedes Lager wird immer unversöhnlicher: Hier die Guten, dort die Bösen. Hier das Pack, dort die Gutmenschen. Hier die Stimme des angeblichen Volkes und dort die angebliche Lügenpresse.

Die Angst vor dem Rückfall in die Diktatur und die Angst vor Überfremdung und Abstieg hemmen die offene, demokratische Diskussionskultur, die ich für die Basis einer funktionierenden Demokratie halte. Hier ist man gleich naiver Sozialromantiker, wenn man den Flüchtlingen am Bahnhof Kaffee kauft. Dort ist man gleich ein

Nazi, wenn man die deutsche Fahne trägt oder in Anbetracht des Zustroms von Flüchtlingen Angst vor Überfremdung und sozialer Spannung hat. Eine offene Diskussionskultur ist in diesem Klima nicht mehr möglich. Und genau diese Debattenkultur brauchen wir jetzt. Die Meinungsfreiheit ist die Mutter aller Freiheiten, hat Salman Rushdie in seiner Rede zur Eröffnung der Frankfurter Buchmesse gesagt. Aber ich habe da meine Zweifel, ob viele Deutsche diese Meinungsfreiheit tatsächlich so sehr schätzen, wie oft propagiert wird, oder?

Mit beklemmender Sorge
Hamed

Mein aufbrausender arabischer Freund,

ich habe nicht 80 Millionen Deutsche als pathologisch krank bezeichnet, sondern lediglich darauf hingewiesen, dass wir die Neigung haben, selbst bei unseren Ängsten deutsche Gründlichkeit an den Tag zu legen. Der Begriff der German Angst kommt ja nicht von ungefähr. Kein Grund also, mir eine «menschenverachtende Verunglimpfung» vorzuwerfen und rhetorisch brachial zu werden. Das kann die CSU außerdem viel besser.

Wo ich Dir aber recht gebe, ist, dass wir Deutsche uns davor fürchten, auf die eine oder andere Weise von unserer eigenen Vergangenheit eingeholt zu werden. Und wahrscheinlich wurzeln in diesem Unbehagen viele andere deutsche Ängste.

Ebenfalls stimme ich Dir zu, dass Extremisten aus allen Lagern eine Gefahr für Deutschland darstellen. In Kombination mit den ohnehin vorhandenen deutschen Ängsten wird daraus ein Instrument für Meinungsmacher jeglicher Couleur. Und das wiederum könnte extreme Positionen befeuern.

Ich denke, die offene demokratische Diskussionskultur ist nicht deshalb in Gefahr, weil wir uns alle zu Tode davor ängstigen, die Gespenster der Vergangenheit heraufzubeschwören – sonst würde es Pegida und die AfD ja überhaupt nicht geben, ganz zu schweigen von den Ultrarechten. Es stimmt allerdings, dass fast alle politischen Lager die drohende Spaltung des Landes als Argument benutzen, um ihre eigenen Positionen zu untermauern. Das angebliche Unrecht, in das sich der politische Gegner setzt, wird zur Not mit juristischen Mitteln untermauert, weil man hofft, dass eine Klage in einer funktionierenden Demokratie Signalwirkung hat, nach dem Motto: Seht her, ich kann gegen Bösewichte Rechtsmittel einlegen! Unsere Verfassung ist folglich nicht in Gefahr!

Ich entnehme Deiner Mail also, dass unsere Streitkultur einerseits offener und andererseits weniger hysterisch sein sollte. Einverstanden.

Warum aber glaubst Du, dass wir die Meinungsfreiheit in Wahrheit nicht so schätzen, wie allgemein behauptet wird?

Hans

Lieber Hans,

ich habe den Eindruck, dass eine Meinung in Deutschland nur willkommen ist, wenn sie belanglos ist oder mit dem Mainstream in Einklang steht. Eine Meinung, die auf Veränderung zielt, wird dagegen oft als Gefahr oder zumindest als «nicht hilfreich» zurückgewiesen. Deshalb neigen viele Deutsche dazu, ihre eigene Meinung sofort wieder zu relativieren oder abzuschwächen, indem sie sagen: «Das war nur meine Meinung», oder:

«Wenn ich es so sagen darf.» Als hätte man Angst, dass man für seine Meinung zur Rechenschaft gezogen oder im schlimmsten Fall zur Kasse gebeten wird. Witzig ist, dass der gleiche Deutsche, der seinen Satz oft selbstbewusst mit «Es ist Folgendes» beginnt, nun am Ende seine Aussage fast zurücknimmt und sagt: «Ich meine ja nur», wenn seine Meinung auf Gegenwehr stößt. Der Deutsche streitet gern, aber führt den Streit selten zu Ende. Aus Harmoniebedürfnis verzichtet man oft auf die eigene Position zugunsten eines schnellen Konsenses. Aber gerade jetzt müssen wir diesen Konsens nicht um jeden Preis anstreben. Wir müssen den Streit zu Ende führen und die Spannung dabei aushalten können. Wir müssen uns zuerst die Köpfe einschlagen, bevor wir uns liebhaben, Du Schuft!

Und jetzt muss ich gehen. Ich trete heute bei der AfD in Berlin auf. Die Grünen haben eine Demo gegen meinen Vortrag am Veranstaltungsort organisiert. Ich werde den beiden Kontrahenten genau das sagen: Wir müssen uns weiterhin streiten, ihr Schufte! Morgen erzähle ich Dir mehr!

Hamed

Lieber Hamed,

bin gespannt auf Deinen Bericht. Dass wir eine nicht genügend ausgeprägte Streitkultur haben, ist ein interessanter Gedanke. Man hört oft von Leuten, die sich als politikverdrossen bezeichnen, dass in den Medien – und da besonders in medienwirksamen Gesprächsrunden – nur vorgefertigte und langweilige Ansichten abgearbeitet werden. Und vielleicht haben es diese Politikverdrossenen zu Recht satt, professionellen Meinungsvertretern dabei zuzusehen, wie die sich rhetorisch positionieren und dabei den relevanten Themen nur so viel Platz einräumen, wie zur eigenen Profilierung unbedingt nötig ist.

Trotzdem zucke ich natürlich zusammen, wenn Du sagst, dass wir uns zuerst die Köpfe einschlagen müssen, bevor wir uns liebhaben können. Wenn ich mir anschaue, was die Hooligans gegen Salafisten in der Kölner Innenstadt angerichtet haben, dann geht es denen perspektivisch definitiv nicht um einen konstruktiven Dialog, sondern nur darum, ein nationalistisch orientiertes Recht des Stärkeren durchzusetzen. Ist mir schon völlig klar, dass Du nicht für Gewalt plädierst, ich will nur sagen, dass die Befürchtung, Streitkultur könnte im Streit enden, nicht ganz von der Hand zu weisen ist. Der Arabische Frühling hat schließlich auch als Dialogversuch angefangen. Aber apropos Dialog: Wie war es denn bei der AfD?

Hans

Lieber Hans,

meine Lesung bei der AfD war interessant und anstrengend. Wie so oft musste ich mit einer schusssicheren Weste, geschützt von neun Polizisten, auftreten. Du weißt ja, dass gegen mich zahlreiche Mordaufrufe von meinen muslimischen Glaubensbrüdern ausgesprochen wurden, weil ich den Islam kritisiere. Draußen protestierten auch noch zwei Dutzend Grüne und Linke gegen meinen Auftritt. Als ich zum Veranstaltungsort kam, ging ich direkt auf die Demonstranten zu und fragte sie, wogegen sie genau protestieren. Es ist natürlich ihr demokratisches Recht, aber sie wollten damit etwas erreichen, und vielleicht konnte ich dabei helfen. Sie sagten, sie fänden es nicht in Ordnung, dass ich bei einer «rechtsextremistischen Partei wie der AfD» auftrete. Interessant, dass nicht der Verfassungsschutz bestimmt, welche Partei demokratisch und welche extremistisch ist, sondern die politische Konkurrenz. Die Demonstranten befürchteten, dass meine Lesung über den Propheten Mohammed eine Hetzrede gegen Muslime werden könne. Um ihnen diese Angst zu nehmen, lud ich alle Demonstranten ein, mit mir in die Lesung zu gehen, um sich ein Bild zu machen. Wo käme die Demokratie sonst hin, wenn man immer nur mit Gleichgesinnten reden würde? Die Veranstalter der Demo lehnten mein Angebot ab. Ich fand es bedauerlich, dass die «Guten» genauso in ideologischen Schranken verhaftet waren wie die «Bösen», die sie kritisierten. Am Ende löste sich eine alte Dame aus der Demo und sagte: «Ich komme doch mit», und ich glaube, sie hat es im Nachhinein nicht bereut.

Noch interessanter war, dass vier syrische Flüchtlinge ohne deutsche Begleitung zur Lesung kamen. Sie hatten weder vor mir noch vor der AfD Berührungsängste. Sie wollten mitdiskutieren, und das haben sie auch getan.

Ich begann meine Lesung mit der Frage: «Stellen Sie sich vor, mein Buch würde nicht ‹Mohamed. Eine Abrechnung›, sondern ‹Jesus. Eine Abrechnung› heißen, hätten dann die Grünen draußen demonstriert?» Die AfDler applaudierten frenetisch. «Hätte dann die AfD Interesse daran, das Buch hier zu präsentieren?» Die Nicht-AfDler (es gab ja auch welche) klatschten genüsslich. Danach waren AfD-Mitglieder mit ihrem Jubel vorsichtig, denn sie wussten, dass nach jeder Kritik an der Regierung und den großen Parteien auch eine Kritik an der AfD, ihren politischen und gesellschaftlichen Konzepten, kommen würde. Ich habe wenig über Mohammed gesprochen, dafür mehr über Meinungsfreiheit, German Angst und Flüchtlinge. Ich plädierte für eine offene Diskussionskultur, für Menschlichkeit, für mehr Meinung und weniger Anklagen. Danach gab es eine lange Diskussion, die vor allem von den besorgten Bürgern und ihren Ängsten dominiert wurde. Am Ende kam noch ein syrischer Flüchtling zu Wort. Er bedankte sich bei den Deutschen dafür, dass sie ihn aufgenommen und ihm eine neue Perspektive geboten haben. Er kritisierte meine Kritik am Islam, dennoch wollte er von mir Lösungsansätze für die Misere in der islamischen Welt hören. Er sagte: «Viele meiner

Landsleute sind ertrunken, weil sie die Hoffnung hatten hierherzukommen. Auch meine Heimat ist im Krieg ertrunken. Ich habe keine Heimat mehr, einerseits, weil verschiedene Kräfte dort mit Religion Politik machen, andererseits, weil der Westen unsere Länder mit Waffen überflutet. Alle müssen aufhören, das zu tun!»

Ich glaube, es war die einzige AfD-Veranstaltung, auf der je arabisch gesprochen wurde. Und ich war gerührt vom Auftreten des jungen Syrers und von seinem emotionalen Appell. Die Grünen sind draußen geblieben und haben für Muslime demonstriert. Muslime sind reingekommen und haben für sich gesprochen. Vielleicht sollten wir nicht das Grundgesetz für Syrer übersetzen lassen, sondern einfach öfter mit ihnen ins Gespräch kommen. Vielleicht helfen uns Leute wie dieser junge Flüchtling, eine neue Diskussionskultur zu entwickeln.

Liebe Grüße
Hamed

Mein Lieber,

ein eindrucksvolles Beispiel. Kluge Kommentare, konstruktive Vorschläge und scharfe Analysen sind eben nichts im Vergleich zu der Macht der Emotionen. Gibt es etwas, das uns mehr für die Sache der Flüchtlinge eingenommen hat als das Foto des ertrunkenen syrischen Jungen am Strand des türkischen Badeortes Bodrum? Damals waren wir beseelt von der Überzeugung, dass wir, wenn schon nicht dieses Kind, so doch all jene retten können, für die es stellvertretend stand.

Inzwischen haben diese Emotionen sich nicht nur abgekühlt, sondern auch bei manchen ins Gegenteil verkehrt. Aus Zuversicht ist Skepsis geworden und aus Skepsis eine leise Furcht. Das überzeugte «Wir schaffen das» hat sich in ein zögerliches «Schaffen wir das wirklich?» verwandelt. Und manche sind bereits davon überzeugt, dass wir es nicht schaffen – was nicht daran liegt, dass diese Fraktion die besseren Argumente hat.

Elementar betrachtet kennt unsere Psychologie nur zwei Aggregatzustande: Liebe und Angst. Erst haben wir die Flüchtlinge mit Liebe überschüttet, jetzt kriecht uns langsam die Angst in die Knochen.

Und besonders in die Knochen der bürgerlichen Mitte. Haben wir nicht gerade erst die Banken gerettet? Und Griechenland? Und damit – mal wieder – Europa?

Wie gesagt, es ist eine emotionale Debatte, denn die nackten Zahlen sprechen eine andere Sprache. In Deutschland leben mehr als 19 000 Multimillionäre, die über ein Gesamtvermögen von mehr als zwei Billionen Euro verfügen. Das sind 2000 Milliarden, und diese Summe entspricht in etwa dem kompletten Bundeshaushalt für mindestens sechs Jahre.

Andererseits: Ein Prozent der deutschen Haushalte besitzt ein Drittel des gesamten Vermögens in Deutschland. Nirgendwo in Europa sind Armut und Reichtum so ungleich verteilt wie bei uns. Die Hälfte der deutschen Bevölkerung besitzt gerade mal zweieinhalb Prozent des Gesamtvermögens, die oberen zehn Prozent hingegen fast zwei Drittel. Wir leben also nicht in einer Drittelgesellschaft, in der ein Drittel der Bevölkerung vermögend, ein Drittel «normal» begütert und ein Drittel arm ist. Das mittlere Drittel muss man zumindest teilweise eher den Einkommensschwachen zurechnen. Und womöglich sind es gerade jene, die sich Sorgen darum machen, dass man ihnen nun weitere Opfer abverlangt, damit heute möglichst viele Flüchtlinge versorgt werden, die später dann auch noch dem Sozialsystem zur Last fallen könnten, was dann wohl weitere Opfer befürchten ließe.

Wie willst Du also einem Pegida-Anhänger erklären, dass all diese Sorgen unberechtigt sind und er obendrein keine Islamisierung zu befürchten hat, wenn dieser patriotische Europäer sich qua Einstellung sowieso nicht mit Muslimen an einen Tisch setzt – was ja obendrein blöderweise auch noch sein demokratisches Recht ist? Ich bin da etwas ratlos.

Hans

PS: Ich hoffe, die versöhnlichen Szenen bei Deiner Lesung führen jetzt nicht dazu, dass Du demnächst Islamgegner mit Kuchen bewirtest.

Lieber Hans,

ich hab's wieder getan. Ich bin gestern erneut bei der AfD aufgetreten. Diesmal in München, genauer gesagt in Dachau. Auch der Süden hat es verdient, wachgerüttelt zu werden. Es lief alles nach dem gleichen Muster ab wie bei der Veranstaltung in Berlin, nur viel dramatischer. Ich habe erfahren, dass die Dachauer gegen meinen Vortrag demonstrieren. 300 Leute standen vor dem Eingang zum Veranstaltungsort, Familien mit Kindern, Grüne und linke Aktivisten und natürlich Vertreter der Antifa. Nur hieß es hier nicht Demo oder Protest, sondern «Mahnwache». Ich habe durch die bayerische Polizei Kontakt mit den Demonstranten aufgenommen und meinen Wunsch geäußert, mit ihnen zu reden. Ich bekam die Nachricht, dass die Leute gerne mit mir diskutieren wollen. Es sollten friedliche Menschen sein, die Kerzen tragen. Kerzen? Das könnte der Beginn einer wunderbaren Freundschaft werden, dachte ich. Also verzichtete ich auf die schusssichere Weste, die ich sonst bei heiklen Veranstaltungen tragen muss, und stieg voll freudiger Erwartung aus dem gepanzerten Fahrzeug. Als die Beamten die Tür für mich öffneten, wurde es laut. Buhrufe aus der Mahnwache. «Hau ab! Hau ab!» Ich ließ mich nicht beeindrucken und begann die Diskussion mit einer jungen Lehrerin, die versuchte, mich zu überzeugen, nicht bei der AfD aufzutreten. Eine andere Dame sagte mir, sie lese gerne meine Bücher, aber ich solle den «Rechtspopulisten» nicht eine Legitimation durch meinen Auftritt geben. Es hätte eine spannende Diskussion werden können, doch die Schreie der Antifa-Aktivisten wurden lauter. «Halt doch dein Maul!», rief ein junger Krawallmacher mir entgegen. Was? Ich bin ein deutscher Schriftsteller, und ein Teenager, der nicht den Eindruck machte, mein Buch oder irgendein Buch je gelesen zu haben, will mir den Mund verbieten. Ich habe Ägypten verlassen, um meine Meinung immer angstfrei äußern zu können. Keiner sagt mir: «Halt's Maul!» Also ging ich auf den Jungen zu und suchte den Dialog. Doch ich fand ihn nicht. Der aufgebrachte Junge schrie weiter «Faschist!» und zeigte mir den Stinkefinger. Um ihn wurden die Rufe lauter: «Hau ab! Hau ab!»

Was ist los hier?, fragte ich mich. Ein paar Krawallmacher, die mit einer 70-jährigen Verspätung die Geschwister Scholl spielen, wollen mir mein Recht auf Redefreiheit wegnehmen? Ausgerechnet in Dachau? Bekämpft man den Faschismus mit faschistischen Mitteln? Ich habe den Eindruck, je länger das Dritte Reich zurückliegt, desto heftiger bekämpfen selbsternannte Widerstandskämpfer es nachträglich.

Dann wurde es plötzlich ernst. Eine große Gruppe Mahnwachisten umzingelte mich. Einige wurden handgreiflich. Meine Personenschützer mussten mich mit Hilfe der bayerischen Polizisten aus dem Kessel befreien. Als ich hineinkam und den Vortrag beginnen wollte, wurde Feueralarm ausgelöst. Erst als die Feuerwehr weg war, ging der Vortrag los.

Ich habe dann das Thema meines Vortrags geändert. Nicht über den Propheten Mohammed, sondern über die Meinungsfreiheit und die Streitkultur wollte ich reden. Ich habe wie in Berlin an alle politischen Lager appelliert, den Ton in der Flüchtlingsdebatte zu entschärfen. Ich habe die AfD für ihre Angstpolitik und nationalistische Rhetorik, die Grünen hingegen für ihre Weltfremdheit kritisiert. Auch die Kanzlerin und die Medien habe ich für ihre unfreiwillige Eskalation der Lage an den Pranger gestellt. Zu meiner Überraschung entdeckte ich im Publikum die Lehrerin, die mich draußen daran hindern wollte, den Vortrag zu halten. Sie war mit 15 anderen Demonstranten doch noch gekommen, um sich ein Bild zu machen. Nachher hat sie tapfer und angeregt mit AfD-Mitgliedern über die Flüchtlinge diskutiert. Mir gefiel ihre Einstellung. Statt Angst zu schüren, solle man etwas Konstruktives tun, sagte sie. Sie selbst ist ein Beispiel dafür, denn sie betreut Flüchtlinge und gibt ihnen kostenlos Deutschunterricht. Diese junge Frau und ihre Gruppe sind das beste Beispiel dafür, dass nicht alle draußen Krawallmacher waren. Gerade sie und ihre Freunde standen nach meinem Vortrag auf und applaudierten stark. Es hat sich wieder mal gelohnt, das zu tun, wovon mir vorher alle abgeraten hatten. Deutschland ist eben eine junge Demokratie, die auch noch nicht freiwillig demokratisch geworden ist, sondern zum eigenen Glück gebombt wurde. Das muss man bei der ganzen Debatte berücksichtigen, nicht wahr?

Müde, enttäuscht und dennoch ein wenig
beseelt
Hamed

Lieber Hamed,

während Du bei der AfD warst, habe ich ein bisschen gelesen und einem SPIEGEL-Artikel entnommen, dass man sich Sorgen darum macht, dass Du Dich von den Rechtspopulisten instrumentalisieren lassen könntest. Der SPIEGEL macht sich also auch Sorgen. Allerdings tut er das ein bisschen hinterhältig, weil er einen Autor gebeten hat, über Dich zu schreiben, dessen neues Buch im Untertitel heißt: «Warum wir uns nicht vor Muslimen, sondern vor den Islamfeinden fürchten sollten». Und das schränkt seine argumentative Bandbreite etwas ein. Eher sonnige Gemüter wie ich könnten sich obendrein fragen, warum sie sich überhaupt fürchten sollten. Aber die German Angst ist eben eine Keule, die links und rechts mit gleicher Begeisterung geschwungen wird.

Kennst Du eigentlich «Der Krieg des Charly Wilson»? Der Film erzählt die Geschichte des texanischen Kongressabgeordneten, dem es in den 80er Jahren gelang, die Mudschahedin in Afghanistan derart aufzurüsten, dass sich die Russen Ende der 80er aus dem Land zurückziehen mussten.

Wilson wollte anschließend Geld für den Wiederaufbau des Landes besorgen, was ihm jedoch mangels Interesse im amerikanischen Kongress nicht gelang. Der Film zitiert ihn deshalb mit dem Satz: «Diese Dinge sind geschehen. Sie waren glorreich und veränderten die Welt ... und dann versauten wir das Endspiel.»

Ich habe das Gefühl, so ähnlich könnte es uns auch gehen. Es war glorreich, und es hat zumindest Europa verändert, dass im Sommer 2015 die deutschen Grenzen für Flüchtlinge geöffnet wurden. Aber inzwischen sind wir dabei, das Endspiel gründlich zu versauen. Einerseits geht es natürlich um Geld, das keiner gern ausgeben möchte, obwohl wir schlicht genug davon haben und man deshalb darüber eigentlich kein Wort verlieren müsste. Andererseits geht es darum, dass ein notwendiger Konsens über das, was nun passieren sollte, daran hakt, dass jede Partei ihre Chance wittert, sich auf Kosten der Situation zu profilieren. Und die Betriebsblindheit ist wirklich sagenhaft. Man könnte manchmal denken, dass Leute sich nur deshalb Parteien anschließen, damit sie anschließend nicht mehr über grundsätzliche Fragen nachdenken müssen, denn zumindest die sind ja in den Parteiprogrammen einigermaßen hinlänglich beantwortet.

Falls sich die demokratischen Kräfte in diesem Land nicht bald pragmatisch und zielorientiert auf eine von einem Gros der Bevölkerung getragene Flüchtlingspolitik einigen, dann müssen wir uns in einigen Jahren tatsächlich nicht darüber wundern, wenn sich eine bedenkliche Zahl der hier gestrandeten Flüchtlinge radikalisiert hat. Das passiert nämlich, wenn man den Leuten keine Chance und keine Perspektive gibt, sondern sie wesentlich sich selbst überlässt, während sich alle anderen darüber streiten, wie man verfahren müsste, obwohl das Knowhow und alle notwendigen Instrumente vorhanden sind. Geld ist genug da, es gibt eine funktionierende Demokratie mit einer funktionierenden Gewaltenteilung, und wir haben Gesetze, die wir lediglich konsequent anwenden müssen, und zwar in allen Bereichen, in denen die Hoheit des Rechtsstaates in Frage gestellt wird. Das gilt für den deutschen Rentner, der den Arm zum Hitlergruß hebt, genauso wie für den muslimischen Patriarchen, der die Scharia über das Grundgesetz stellen will.

Ein halb desinteressiertes und halb taktisches

Abwarten schadet am Ende der breiten politischen Mitte. Wenn es zu gewichtigen Auseinandersetzungen kommt, werden die Rechten in ihren (kalkulierten) Befürchtungen ebenso bestätigt wie die Linken. Und die daraus resultierende Angst könnte sich weiter in die Mitte der Gesellschaft fressen.

Die Amerikaner wissen ein Lied davon zu singen. Das damalige Desinteresse des amerikanischen Kongresses an einem Bildungs- und Wachstumsprogramm für Afghanistan hat auch dazu geführt, dass das Land ein Rückzugsort für Extremisten werden konnte.

Dabei könnten wir die allermeisten der bei uns gestrandeten Flüchtlinge als Verbündete gewinnen. Sie sind vor restriktiven Strukturen geflüchtet und in einer freiheitlichen Demokratie gelandet, die ihnen gegen all das helfen kann, was sie bislang belastet und eingeengt hat. Frauen dürfen sich gegen ihre Männer wenden, Heranwachsende dürfen die Anweisungen ihrer Eltern ignorieren, und alle zusammen müssen nicht den Vorschriften eines religiösen Oberhauptes folgen. Sie dürfen das – denn auch das bedeutet Demokratie – allerdings nur, soweit sie es wollen und sofern nicht die Grundrechte dieses Landes dabei verletzt werden. Diese müssen wir allein deshalb schützen, weil auch wir als relativ junge Demokratie – das hast Du nicht ironisch gemeint, oder? – weiterhin lernen.

Was die Befreiung von Abhängigkeiten angeht, da hat auch unsere Gesellschaft noch Nachholbedarf. Die Gleichstellung der Frau ist beispielsweise längst nicht abgeschlossen. Wenn man sich vorstellt, was da für Potenziale schlummern! 75 % aller Pegida-Anhänger sind Männer, nur 25 % Frauen. Bis zu 50 % aller Pegida-Anhänger gehen also nach den Protestmärschen heim zu ihren Freundinnen, Verlobten oder Ehefrauen. Stell Dir vor, die lägen nicht alle schon längst in ihren Betten, sondern würden restlos gleichgestellt und ebenso kämpferisch in den Küchen sitzen: «Na? Schon wieder mit den Krawallbrüdern unterwegs gewesen? Ganz toll. Und was ist mit unserer Klospülung? Seit zwei Wochen ist die jetzt kaputt. Kannst du mir mal erklären, wie das zusammenpasst? Wer Europa vor dem Islam retten will, muss doch wenigstens eine Klospülung reparieren können, oder etwa nicht? Und zieh die Schuhe aus! Du machst ja alles dreckig, verdammt! Morgen reparierst du die Klospülung. Ist das klar? Oder Pegida ist bis auf weiteres gestrichen!»

Schöne Vorstellung
Hans

Lieber Hans,

ja, ich komme mir vor wie Charly Wilson in diesem Land. Schon vor über fünf Jahren warnte ich davor, dass die arabischen Länder sich im Zerfallsprozess befinden. Ich prophezeite Bürgerkriege und Unruhen auf der Südseite des Mittelmeers, die zu der größten Völkerwanderung der Geschichte Richtung Europa führen werden. Weißt Du, wie man mich hier deswegen genannt hat? Panikmacher. Hätte man auf diesen Panikmacher damals gehört, könnte man mindestens ein paar beheizbare Zelte bereitstellen, sodass die Flüchtlinge nun im Winter an der Grenze nicht erfrieren müssen. Man hätte den Wohnungsbau fördern und mehr Mitarbeiter bei der Polizei, dem Bundesamt für Migration und bei den Sozialämtern anstellen können. Aber die Kunst der Politik in Deutschland besteht darin, den Menschen die Illusion zu vermitteln, dass alles beim Alten bleibt. Ebenfalls vor fünf Jahren forderte ich einen Marshallplan für die arabischen Staaten. Ich meinte lediglich Investitionen in Infrastrukturen, vor allem in Bereichen wie Bildung und Wirtschaft. Ich forderte auch, dass Europa Waffenlieferungen in diese Region stoppen sollte. Letztes Jahr war ich beim Altkanzler Helmut Schmidt zu Hause eingeladen. Auch er machte sich Sorgen um Europa. Ich wiederholte meinen Wunsch, dass Europa sich wirtschaftlich in der arabischen Welt engagiert, um die Verhältnisse dort zu verbessern, bevor es zu spät ist. Helmut Schmidt meinte, ich würde zu viel von Europa erwarten, denn der alte Kontinent sei zu sehr mit sich selbst beschäftigt und könne jenseits der Eurorettung im Moment nicht woanders investieren. Politiker, so Schmidt, könnten eine Milliardenhilfe für die arabische Welt vor ihren Wählern nicht rechtfertigen. Ich sagte ihm: «Aber wenn wir jetzt nicht investieren, müssen wir später vielleicht das Zehnfache für die Auswirkungen der Misere bezahlen.»

Und genau das passiert jetzt. 16 Milliarden bezahlt Deutschland allein, um eine Million Flüchtlinge in einem Jahr zu versorgen, und da sind die Sprachkurse und die neuen Stellen bei Polizei und Sozialämtern nicht mit einkalkuliert. Jetzt besticht man auch noch die Türkei mit Milliarden, um das zu tun, was Deutschland selbst nicht tun will: einen Zaun zu bauen, um die eigenen Grenzen zu sichern. Nächstes Jahr könnte sich die Summe verdoppeln, wenn neue Flüchtlinge kommen, denn Krieg und Elend da unten scheinen nicht so bald pausieren zu wollen. Außerdem geht es nicht nur um Syrien, es brennt ja überall: Jemen, Irak, Libyen, Ägypten, Afghanistan, auch jeder dritte Afrikaner sitzt schon auf gepacktem Koffer und wartet auf seine Chance, nach Europa zu fliehen. Und da die meisten Flüchtlinge zurzeit junge Männer sind, ist davon auszugehen, dass sie irgendwann ihre Familien und Verwandten nachholen werden, entweder legal durch Familiennachzug oder indem sie sie einfach vor der ungarischen oder kroatischen Grenze ausharren lassen, bis sich die Türen öffnen. Es hat sich ja rumgesprochen, dass niemand nach Hause geschickt wird und dass das Ausharren und ein paar dramatische Bilder im Zeltlager ausreichen, um die Pforte zu öffnen. Es wird mehr Szenen von Grenzstürmungen geben.

Die gleichen jungen Männer, die diese Grenzen gestürmt haben, tauchen dann bald in den Fußgängerzonen deutscher Städte auf. Da die meisten von ihnen nicht gut ausgebildet sind, kann man nicht erwarten, dass sie gleich einen Job kriegen werden. Sie werden in Gruppen rumhängen und das Straßenbild jeder Stadt prägen. Das schürt wiederum Ängste und soziale Spannungen. Du willst nicht in einer Gegend wohnen, wo junge fremde Männer das Straßenbild prägen. Du willst auch nicht Deine Kinder in eine Schule schicken, in deren Turnhalle Hunderte junge Männer aus der ganzen Welt übernachten, oder? Und wenn, Gott behüte, Terroristen, die sich mit dem Flüchtlingsstrom eingeschleust haben, hier einen Terroranschlag verüben sollten, könnte die Spirale von Angst und Gewalt so dermaßen eskalieren, dass es niemandem mehr gelänge, vernünftige Lösungen anzubieten. Du siehst, es ist keine Frage der Wirtschaft allein. Deutschland konnte nach dem Krieg 12 Millionen Deutsche integrieren, die aus den Ostgebieten vertrieben wurden, eben weil sie Deutsche waren. Auch die Einheit nach dem Mauerfall ist ohne große Spannungen gelungen – nun ja –, weil man sich auf eine gemeinsame deutsche Identität, die gemeinsame Geschichte, einen gemeinsamen *common sense* berufen konnte. Man kann als Migrant in diese Identität schlecht einwandern, weil man die Eckpfeiler dieser Identität nicht kennt. Ich glaube, Deutsche selbst wissen nicht genau, was die deutsche Identität ausmacht. Es ist eher ein Gefühl, ein Geheimcode. Das Wort Zukunft auf Deutsch verrät viel über diese deutsche Identität. Es leitet sich aus dem Wort «Herkunft» her. In keiner anderen Sprache ist das so. Was machen andere, die diese Herkunft nicht teilen? Welche Zukunft können sie in einem Land haben, das so viel Geschichte auf dem Rücken trägt?

Ich kam vor 20 Jahren aus Ägypten als Student nach Deutschland. Im gleichen Jahr ist ein ägyptischer Freund in die USA ausgewandert. Fünf Jahre später war mein Freund schon Amerikaner und hisste die amerikanische Flagge auf seinem Balkon in Boston. Nach fünf Jahren in Deutschland saß ich mit ausländischen Studenten zusammen und schimpfte über Deutschland, die Ausländerbehörde und die Mensa der Universität. Während die Amerikaner, Australier und Kanadier die klügsten Köpfe aus der ganzen Welt mit guten Angeboten lockten, machten Parteien in Deutschland Kampagnen wie «Kinder statt Inder», um die deutsche Identität vor Einwanderern zu retten.

Und jetzt frage ich Dich als Bio-Deutschen: Was macht die deutsche Identität aus? Ist es wirklich das Christentum? Die deutsche Sprache? Die Gartenzwerge, die Spargelsaison? Goethe oder Goebbels? Martin Luther oder Daniela Katzenberger? Welche Rolle spielen Zäune, Mauern und falsche Idole in dieser Identität? Wie kann ich nach 20 Jahren in Deutschland Deutscher werden?

Ratlos und migrantig
Hamed

Lieber weiser Mann aus dem Morgenland,

ich glaube Dir natürlich aufs Wort, dass Du ganz allein die Misere hast kommen sehen. Meine Mutter war ähnlich hellseherisch begabt. Fast immer, wenn ich sie anrief, begrüßte sie mich mit den Worten: «Das war jetzt Gedankenübertragung. Als gerade das Telefon geklingelt hat, da habe ich zu deinem Vater gesagt, dass ganz bestimmt unser Sohn am anderen Ende der Leitung ist.»

Viel später habe ich von meinem Vater erfahren, dass meine Mutter ausnahmslos mich am Apparat wähnte, wenn gegen Abend das Telefon klingelte. Und manchmal lag sie damit zufällig richtig. Das hinderte sie aber nicht daran, in jedem Einzelfall an Gedankenübertragung zu glauben.

Langfristige Prognosen in Wirtschaft und Politik funktionieren ähnlich. Wenn man ausdauernd genug behauptet, dass es abwärtsgeht, wird man dafür ebenso eine Bestätigung erhalten wie für die gegenteilige Behauptung. Und im Nachhinein erscheinen uns dann nicht nur die Prognosen völlig zutreffend, auch den Ereignissen unterstellen wir, dass sie mit einer geradezu bestechenden Logik aufeinander folgen mussten. Im Nachhinein haben dann alle haargenau gewusst, was uns erwartet. Interessanterweise konnte vorher jedoch niemand detailliert sagen, wann und wie es uns erwischen würde. Man wusste, dass das AKW in Fukushima hochgehen könnte – in Tschernobyl war das ja auch schon passiert –, aber niemand hat rechtzeitig den Stecker gezogen. Man wusste, dass die Finanzmärkte kollabieren könnten – das tun sie nämlich hin und wieder –, aber niemand hat rechtzeitig vor irgendeinem der Crashs gewarnt, die in den letzten Jahrzehnten über uns hereingebrochen sind. Im Grunde haben wir immer erst dann Gewissheit, wenn der erste Pulverdampf verzogen ist und die Experten aus den Büschen kriechen, um zu verkünden, dass sie das alles haargenau so prophezeit haben.

Es war klar, dass in einer globalisierten und vernetzten Welt irgendwann die Armen und Geschundenen ihren Teil am Glück und am Reichtum der Industrienationen fordern würden – allerdings hat niemand gesagt, dass wir uns auf die Öffnung der Grenzen im Sommer 2015 einstellen müssen. Und ich erinnere mich daran, dass auch der Fall der Mauer vielleicht zu erahnen, aber nicht abzusehen war. Deine prophetischen Gaben also in allen Ehren, aber das Szenario eines von Flüchtlingen überraschten Europas ist nicht allein Deine Vision.

Du sagst, die Flüchtlingskrise kann nicht allein als wirtschaftliches Problem gesehen werden. Einverstanden. Ich wollte auch nur darauf hinweisen, dass es an dieser Stelle keinen Engpass gibt. Finanziell können wir uns Zuwanderung leisten, womöglich sogar mit positiven Effekten für die Zukunft – wobei ich hier jetzt nicht prophetisch werden will. Ebenso ist Dein Szenario eines zerrissenen und von politischen Unruhen gebeutelten Landes möglich. Ich wollte mit meinem Hinweis auf die ökonomische Seite des Problems auch nur sagen: An dieser Stelle haben wir kein Problem, es sei denn, wir überlassen die von Dir erwähnten jungen Männer aus purem Geiz nun einfach sich selbst und versorgen sie lediglich mit dem Lebensnotwendigen, statt ihnen eine echte Perspektive zu geben und sie (und uns) damit vor Arbeitslosigkeit und Kriminalität zu bewahren.

Womit wir nicht nur bei Deinen Ausführungen zum *common sense* wären, sondern auch in gewisser Weise wieder am Anfang unseres Mailwechsels. Die deutsche Identität ist in der Tat so fraktal wie von Dir beschrieben. Und ich als gebürtiger Deutscher bin noch nie auf die Idee gekommen, privat eine deutsche Flagge zu hissen – weshalb ich das selbstverständlich auch nicht von einem Migranten erwarte. Ich habe mich aber trotzdem darüber gefreut, in Berlin nach dem WM-Sieg der Deutschen Autokorsos mit fahnenschwenkenden Deutschtürken zu sehen.

Es ist wohl so: Meine Liebe zu meinem Land ist sehr kompliziert. Ich kann ehrlich gesagt nur schwer nachvollziehen, dass jemand Deutscher werden möchte, wohingegen es mir einleuchtet, dass man Amerikaner, Kanadier, Australier, Brite oder Franzose sein will. Irgendwie scheint mir all das wesentlich cooler und entspannter, als Deutscher zu sein. Andererseits möchte ich dieses Land nicht missen. Und bin sogar auf eine fast verschämte Art und Weise stolz darauf, dass wir funktionierende Sozialsysteme, eine freie Presse oder ein riesiges Kulturangebot haben. Weniger stolz bin ich auf deutsche Waffenexporte oder auf die Nahrungsmittelspekulationen mancher deutscher Banken, aber auch hier bin ich so deutsch, dass ich nicht gleich und grundsätzlich Verbote fordere. Immerhin geht es ja auch ums Geschäft.

Mein Großvater, der als Gefreiter in der Armee Adolf Hitlers in französische Gefangenschaft geriet, starb, als ich gerade volljährig war. Er hat wie viele Männer damals kaum über den Krieg gesprochen. Als ich ihn einmal fragte, wie Deutschland vor dem Krieg ausgesehen hätte, da überlegte er eine Weile und sagte dann: «Es war irgendwie bunter.» Er meinte das nicht im Sinne einer linkspolitischen Multikulti-Idylle – so etwas war Anfang der 80er in Deutschland überhaupt noch nicht erfunden. Es schien ihm in diesem Moment tatsächlich aufzufallen, dass die Nazis dem Land die Farben genommen hatten. Vielleicht erklärt das, warum Nachkriegsdeutschland sich in knallbuntes Bonbonpapier hüllte und mit infantiler Unterhaltung über die verlorene Unschuld hinwegzukommen versuchte.

Aber ich schweife ab. Du fragst mich, wie Du nach 20 Jahren in Deutschland Deutscher werden kannst. Gegenfrage: Willst Du das denn überhaupt? Wenn selbst ich als Bio-Deutscher mitunter Probleme damit habe, Deutscher zu sein, warum ist es Dir so wichtig, in meine Identität einzuwandern? Wäre es nicht eher an der Zeit, einen dritten Weg zu suchen? Vielleicht sollten wir auch gar nicht von Identität reden, sondern von einem neuen Nationalbewusstsein. Ich weiß, dass manche Deutsche bei dem Wort zusammenzucken, aber mir gefällt der Begriff, weil man in Nationen problemloser einwandern kann als in Identitäten.

Salam
Hans

PS: Es tut mir übrigens leid, dass ich Deine Anfrage bezüglich Einwanderung in die deutsche

Identität abschlägig beantworten muss. Du hast natürlich die Möglichkeit, binnen drei Tagen Einspruch einzulegen.

Lieber Hans,

der Vergleich meiner Prognose mit der Deiner Mutter hinkt hinten und vorne. Denn meine Prognose lag schon 2010 beim Innenminister auf dem Tisch. Und ja, ich war nicht der Einzige, der davor gewarnt hat. Schon seit vier Jahren nimmt die Zahl der Flüchtlinge in Italien, Griechenland, der Türkei, im Libanon, in Jordanien und Ägypten zu. Jeder wusste, dass es eine Frage der Zeit war, dass die Flüchtlinge irgendwann in großen Zahlen zu uns kommen. Selbst der deutsche Entwicklungsminister warnte bereits 2013 davor. Es war keine abstrakte Diagnose oder ein moralischer Appell, sondern eine konkrete Forderung an die Politik, die wie so oft ignoriert wurde. Von wegen, die Deutschen sind gründlich und vorausplanend!

Nationalbewusstsein ist in der Tat ein abenteuerlicher Begriff, wenn man bedenkt, dass dieses

Land im letzten Jahrhundert zweimal am Nationalismus gescheitert ist. Sicherlich hat Dein Begriff nichts mit Blut und Boden und Führerprinzip zu tun, oder etwa doch? Vorgestern ist Helmut Schmidt gestorben. Die Deutschen beweinten seinen Tod wie bei keinem anderen Politiker der Neuzeit. Denn er war so was wie ein Übervater für die Deutschen. Er war für sie ein Stück Heimat, er stand für die preußischen Tugenden, die man bei vielen Politikern gerade heute vermisst: Fleiß, Disziplin, Geradlinigkeit und Ehrlichkeit. Er vermittelte Zuversicht, ohne den Menschen falsche Hoffnungen zu machen. Sein Glück war, dass er erst nach dem Krieg Kanzler wurde, sonst hätten die Deutschen aus ihm einen Kaiser oder Führer gemacht. Anders als bei Amerikanern, Franzosen, Engländern und Skandinaviern war das Nationalbewusstsein der Deutschen immer an eine Person geknüpft. Schon im Jahre 1931 schrieb Erich Kästner ein Gedicht über die Autoritätshörigkeit der Deutschen. «Das Führerproblem genetisch betrachtet» heißt es:

Als Gott am ersten Wochenende
die Welt besah, und siehe, sie war gut,

da rieb er sich vergnügt die Hände.
Ihn packte eine Art von Übermut.

Er blickte stolz auf seine Erde
und sah Tuberkeln, Standard Oil und Waffen.
Da kam aus Deutschland die Beschwerde:
«Du hast versäumt, uns Führer zu erschaffen!»

Gott war bestürzt. Man kann's verstehn.
«Mein liebes deutsches Volk», schrieb er zurück,
«es muß halt ohne Führer gehn.
Die Schöpfung ist vorbei. Grüß Gott. Viel Glück.»

Nun standen wir mit Ohne da,
der Weltgeschichte freundlich überlassen.
Und: Alles, was seitdem geschah,
ist ohne diesen Hinweis nicht zu fassen.

Und da wären wir wieder beim Thema Identität. Meiner Meinung nach kann man den Kern dieser Identität nicht begreifen, ohne die ambivalente Beziehung der Deutschen zum «Führer» als Heilsbringer und Verführer zu verstehen. Deutschland ist eine verspätete Nation, die die Einigung erst in den 70er Jahren des 19. Jahrhunderts erzielt hat.

Da hatten die Franzosen ihre Französische Revolution, den Auf- und Abstieg Napoleons hinter sich und die Demokratie bereits eingeführt. Die Engländer liebten und lieben immer noch ihre Könige, aber schon seit der Magna Carta bewegte sich das Land auf die Demokratie zu. Die Deutschen waren immer auf der Suche nach der perfekten Identität, sie stöberten in germanischen Mythen nach Heldenfiguren und legendären Schlachten, sie sahen sich als Erbe des Heiligen Römischen Reiches. Verspätete Einigung, verspätete Industrialisierung, verspätete Demokratisierung, das stärkt die Sehnsucht nach dem Mann, der weiß, wo es langgeht. Sie waren sich ihrer Identität nie wirklich sicher, deshalb waren sie anfälliger für falsche Idole als andere Nationen.

Diese Angst, die Identitätsunsicherheit und das schlechte Gewissen führten dazu, dass die Deutschen im Laufe ihrer Geschichte von einem Extrem ins andere wechselten. Entweder haben sie Angst vor der Unterwanderung durch die Fremden, oder man identifiziert sich mit diesen Fremden bis hin zur Selbstleugnung, ja Selbstaufgabe. Damals war der Jude ein Fremder, der sich in den deutschen Körper einschleicht, heute ist die Sicherheit

Israels deutsche Staatsräson, und man redet heute sogar vom christlich-jüdischen Abendland. Die einen haben Angst, dass die Türken bald wieder vor Wien stehen werden, die anderen schwärmen von der islamischen Mystik und dem Zusammenhalt der arabischen Familie und wollen, dass sich die Deutschen davon eine Scheibe abschneiden.

Ob ich wirklich Deutscher werden will? Du hast recht. Warum muss ich mir das eigentlich antun? Ich komme als Ägypter in Deutschland viel besser zurecht. Ich bin Exot, wenn ich will, Berliner, wenn es sein muss, und wenn mir alles zu viel wird, fliege ich in die USA. Ich jongliere gerne mit meinem Migrationshintergrund. Wenn ich früher von der Polizei angehalten wurde, sagte ich immer: «Liegt es daran, dass ich schwarz bin?» Der Polizist wurde fast immer unsicher und ließ mich sofort gehen, ohne zu merken, dass ich eigentlich gar nicht schwarz bin. In Amerika, aber auch in Frankreich hilft mir das wenig. Wenn man seinen Migrationshintergrund in den Vordergrund rückt, entgeht man in Deutschland nicht nur Problemen, sondern kann sogar Geld damit verdienen. Es gibt mittlerweile eine unglaubliche Integrationsindustrie, wo Migranten sich um Migranten kümmern. Je erfolgloser die Integration, desto mehr Fördergelder bekommen die Integrationslotsen und Kiezmanager. Das ist vergleichbar mit den Friedensstiftungen und NGOs, die zwar Frieden predigen, deren Existenz allerdings eigentlich vom Krieg abhängt.

In diesem Sinne kann ich nur deutsch light sein, ohne Angst vor Unterwanderung, ohne schlechtes Gewissen, ohne die Last der Geschichte und vor allem ohne Pünktlichkeit. Ich kann aber die deutsche Literatur genießen. Die Hoffnung in der Melancholie ist der Kern dieser Literatur, wenn man Goethes Werther oder Hesses Steppenwolf liest. Vielleicht ist es auch der Kern der deutschen Identität. Der Deutsche ist eigentlich viel romantischer und harmoniebedürftiger, als man denkt, findest Du nicht?

Ich denke deutsch, träume arabisch und esse japanisch. Heimat ist für mich kein Ort mehr, sondern ein Zustand. Zu Hause ist da, wo ich mich verstanden fühle, wo ich einen Unterschied ausmache, wo ich liebe und geliebt werde. Ein neues Buch, ein schönes Lied, ein Spaziergang, ein guter Witz. So gesehen bin ich Teil Deutschlands geworden und Deutschland ein Teil von mir. Ich bin und kann aber nicht Teil des deutschen Volkes werden, dennoch bin ich Teil des deutschen Gemeinwesens. Ja, genau, das Gemeinwesen. Das ist es, wonach ich gesucht habe. Vielleicht ist das die neue Identität, die für uns alle passen würde. Der Glaube an das Gemeinwesen und das Engagement der Bürger, damit dieses Wesen funktioniert, ist der Schlüssel zu einer gemeinsamen Identität von unterschiedlichen Menschen mit unterschiedlichen religiösen und ethnischen Hintergründen. Ein positiver Aspekt der Flüchtlingskrise ist, dass viele Menschen, auch junge Menschen, sich wieder ehrenamtlich engagieren, weil sie sich diesem Gemeinwesen verbunden fühlen. Doch bleibt dieses Gemeinwesen auch jenseits der Krise intakt? Man darf nicht vergessen, dass die neuen politischen Bewegungen der letzten Jahre eher «Verhinderungsbewegungen» waren, wie die Stuttgart21-Protestbewegung und die Pegida, die nicht für, sondern gegen etwas waren. Und die Flüchtlingshilfe ist eher im Bereich Katastrophenbewältigung anzusiedeln und könnte mit der Arbeit der Trümmerfrauen nach dem Krieg verglichen werden. Wo bleibt aber das Engagement dafür, etwas Neues zu schaffen?

Mit avantgardistischen Grüßen
Hamed

Mein lieber avantgardistischer Freund,

ich finde Deine Theorie vom deutschen Führerkult zwar ausgesprochen imposant, aber Deine Schlussfolgerungen greifen zu kurz. Wir sind ja nicht das einzige Land auf der Welt, das sich charismatische und kompetente Führungspersönlichkeiten wünscht. Und ich vermute, wir beide sind uns darin einig, dass Nationen geführt werden müssen. Allerdings nicht im Sinne einer Blut-und-Boden-Ideologie – und in der Tat distanziere ich mich davon ganz entschieden –, sondern nach Maßgabe eines Gesellschaftsvertrages, den im übertragenen Sinne alle unterschreiben, die dieser Gesellschaft angehören, egal ob sie arabisch träumen, deutsch essen oder jüdisch feiern. Wenn ich von Nationalbewusstsein rede, dann meine ich eben nicht das kryptische Gesellschaftsgebilde, das Du eingangs als «deutschen Geheimbund» bezeichnet hast, sondern ein allgemein nachvollziehbares Konstrukt des gemeinsamen Lebens und Wachsens. Und ja, nennen wir es doch einmal Gemeinwesen.

Du hast gefragt, ob die Deutschen nicht wesentlich romantischer und harmoniebedürftiger sind, als man denkt. Das würde ich bejahen. Und vielleicht ist die brisante Mischung aus Pathos und Melancholie, aus Selbstverachtung und Narzissmus, aus kultureller Grandezza und historischer Schuld (widersprich mir da nicht, ich weiß es besser, ich bin Bio-Deutscher) nicht sonderlich gut geeignet, um damit Staat zu machen. Solange wir uns allein als Deutsche verstehen, werden wir argwöhnen, dass man in Europa das französische Essen, die spanische Siesta, den italienischen Lebensstil und den griechischen Schlendrian genießt, und das alles mit deutschem Geld. Es wäre also vielleicht nicht so schlecht, wenn die Deutschen ihre wie auch immer geartete Identität im öffentlichen Leben gegen einen kühlen und sachlichen Nationalstaat eintauschen würden. Mit schwebt ein Leviathan im Sinne von Thomas Hobbes vor, wobei es mir nicht um dieses konkrete Konstrukt geht, sondern um die Vorstellung, dass wir alle um unserer Grundrechte willen dem Staat unsere individuelle politische Macht übereignen müssen. In einem schon fast spirituellen Sinne hat das mit Vertrauen zu tun. Die Amerikaner haben es in die griffige Formulierung gepackt: «Frage nicht, was dein Land für dich tun kann. Frage, was du für dein Land tun kannst.»

Wir Deutsche suchen in der Tat unser Heil oft in der Abgrenzung oder im Protest. Beides zeigt, dass unser Vertrauen in uns und das, was wir – Du erlaubst mir die Formulierung: als Nation – erreicht haben, nicht sehr ausgeprägt ist. Stell Dir mal vor, das Hickhack der Politik und die Energien von aus Misstrauen geborenen Protestmärschen könnten für konstruktive Arbeit genutzt werden. Den Wiederaufbau nach dem Krieg mag man noch als Katastrophenbewältigung verstehen, aber das Wirtschaftswunder ist eine Gemeinschaftsleistung. Ich will diese Zeit keineswegs glorifizieren, aber ich frage mich, warum wir eine ähnliche Form des Gemeinwesens nicht auch heute herstellen können sollten, und zwar mit allen, wirklich allen, die willens sind, diesem Gemeinwesen zum Wohle aller etwas abzugeben.

Und nebenbei: Wo sind eigentlich die ganzen Millionen hin, die investiert wurden, um deutschen Führungskräften in Motivationskursen einzubläuen, dass sie wirklich alles können, wenn sie es nur dringend genug wollen? Genau diese Leute ziehen jetzt die Köpfe ein, wenn eine Kanzlerin verkündet: «Wir schaffen das.» Ich weiß, Du bist nicht durchweg begeistert von Frau Merkel, aber vielleicht schreibt sie sich mit ihren Entscheidungen zur Energie- und Flüchtlingspolitik nachhaltiger in die Geschichtsbücher ein, als der von Dir (und ausnahmslos allen deutschen Journalisten) so über die Maßen geschätzte Helmut Schmidt. Ich fand ihn ja auch toll, schlage mich aber in Fragen der aktuellen Politik dennoch auf die Seite der Kanzlerin, schon allein deshalb, weil sie eine Frau ist und ich finde, dass viel mehr Frauen die Geschicke dieser Welt mitbestimmen sollten.

Apropos. Ich habe kürzlich gelesen, die Stiftung von Melinda und Bill Gates hat errechnet, dass ein großer Teil aller Probleme auf diesem Planeten mit einem Schlag erledigt wäre, wenn die Gleichberechtigung der Frau vollständig umgesetzt würde. Fangen wir doch damit einmal an. Sind Deine Leute bereit, in dieser Hinsicht großzügig an meinen Leviathan zu spenden?

Gespannt
Hans

PS: Apropos avantgardistisch. Gibt es eigentlich eine islamische Avantgarde?

PPS: Und lass gefälligst meine Mutter aus dem Spiel!

Lieber Hans,

ob Hobbes' Leviathan oder Jeffersons Unabhängigkeitserklärung, beide sind Kinder des englischen respektive amerikanischen Bürgerkriegs gewesen. Es sind Konzepte, die aus der Not entstanden sind und auf den Trümmern gescheiterter Experimente aufgebaut wurden. Auch das deutsche Grundgesetz ist eine direkte Folge der schrecklichen Erfahrungen mit Diktatur und Krieg. Der Mensch ist oft nur lernfähig und kann erst umdenken, wenn die Katastrophe fortgeschritten ist. Staaten sind da nicht viel anders. Vielleicht geht es uns heute noch zu gut, um tatsächlich einen neuen Entwurf und einen großen Wurf zu wagen. Außerdem habe ich Schwierigkeiten mit Hobbes' Menschenbild vom geborenen Anarchisten, der immer zur Gewalt neigt, wenn er nach seiner Natur lebt. Deshalb sollte dieser Mensch dann von Staat und Kirche gezügelt und zurechtgewiesen werden. Im Dienste des «Commonwealth» sollte dieser Mensch nach Hobbes seine Triebe und sein Verlangen zurückstellen und seine Souveränität an den Staat vollkommen abgeben. Dieses skeptische Bild ist eben vor dem Hintergrund des Bürgerkriegs entstanden. Ein Gegenentwurf zu diesem Menschenbild hat Nietzsche mit seinem «Übermenschen» entwickelt, der seine Menschwerdung erst vollzieht, wenn er sich von Gott und Kirche befreit hat. David Hume, John Locke, Jean-Jacques Rousseau, Max Weber, Habermas und Böckenförde waren bemüht, den perfekten Gesellschaftsvertrag zwischen dem Staat und seinen Bürgern zu entwerfen. Heute sind wir viel weiter als all diese wunderbaren Philosophen und Staatstheoretiker, allein weil wir sie als Beispiele schon kennen und von ihrem Gedanken- und Erfahrungsschatz profitieren können. Deshalb müssen wir unseren eigenen Entwurf erschaffen. Da hilft uns eine Rückkehr zum aufgeklärten Absolutismus à la Hobbes nicht weiter.

Aber Dein Ansatz ist schon richtig: Wir brauchen einen neuen, zeitgemäßen Gesellschaftsvertrag zwischen Staat, Religionsgemeinschaften und Bürgern, und das nicht nur wegen der zunehmenden muslimischen Einwanderung. Denn unser wunderbares Grundgesetz verpflichtet, wie ich bereits erwähnt habe, den Staat mehr als die Bürger zur Einhaltung seiner Artikel. Ich bin Dir zu Dank verpflichtet, dass Du das Thema Gleichberechtigung von Mann und Frau ins Gespräch bringst, denn an diesem Beispiel wird die Grenze des Grundgesetzes deutlich. Der Staat verpflichtet sich in Artikel 3, Absatz 2 nicht nur zur Gleichberechtigung der Geschlechter, sondern garantiert, die tatsächliche Durchsetzung der Gleichberechtigung von Frau und Mann zu fördern und auf die Beseitigung bestehender Nachteile hinzuwirken. Aber was bedeutet das in der Praxis konkret? Kann der Staat jenseits der eigenen Institutionen die Gleichberechtigung forcieren? Geht es hier nur um Gleichberechtigung vor dem Gesetz und auf dem Arbeitsmarkt? Kann der Staat die Eltern verpflichten, Jungs und Mädchen innerhalb der Familie gleich zu behandeln? Der Staat kann Gesetze gegen sexuelle Belästigung verabschieden und Anlaufstellen für Frauen, die unter Gewalt leiden, errichten, aber kann der Staat eine Kultur des Machismo und der Gewalt innerhalb der Familien beseitigen? Das wird wohl kaum möglich sein.

Ein weiteres Beispiel aus dem Grundgesetz macht das deutlich. In Artikel 2 heißt es: Jeder hat das Recht auf die freie Entfaltung seiner Persönlichkeit, soweit er nicht die Rechte anderer verletzt und nicht gegen die verfassungsmäßige Ordnung oder das Sittengesetz verstößt. Erst einmal regt mich das Wort «Sittengesetz» tierisch auf, zweitens verstehe ich das «oder» im Satz nicht. Hier wird impliziert, dass dieses Sittengesetz über oder außerhalb der verfassungsmäßigen Ordnung steht. Aber bleiben wir beim Kern des Artikels: dem Recht des Einzelnen auf die freie Entfaltung seiner Persönlichkeit. Wenn aber ein muslimischer Vater seine Tochter zwingt, schon im Alter von sechs oder sieben Jahren ein Kopftuch zu tragen, ist das dann nicht ein Verstoß gegen Artikel 2? Macht er das Kind nicht schon in diesem frühen Alter zu einem sexuellen Objekt, das vor den Blicken sexhungriger Männer geschützt werden soll? Hindert dieses religiöse und moralische Korsett das kleine Mädchen nicht daran, seine Persönlichkeit ohne Indoktrinierung und Bevormundung zu entfalten? Was tut der Staat, um dieses Mädchen notfalls gegen die Abwehr seiner Eltern zu schützen? Was macht die Schule? Im Moment gar nichts. Klar wird das gleiche Mädchen, wenn es erwachsen ist, sagen, dass es das Kopftuch freiwillig trägt, denn dieses Stück Stoff hat sich im Laufe der Jahre zu einem Teil seines Körpers entwickelt. Aber Freiwilligkeit setzt zuerst Freiheit voraus, und diese war nicht vorhanden, als das Mädchen das Kopftuch zum ersten Mal aufsetzte. Dennoch wird es sich später auf Artikel 4 des Grundgesetzes berufen, der von der Unverletzlichkeit der Freiheit des Glaubens, des Gewissens und des religiösen und weltanschaulichen Bekenntnisses spricht. Der Vater beruft sich dann auf Artikel 6, der den Schutz der Familie und das Recht der Eltern auf Erziehung ihrer Kinder garantiert. Mit Artikel 4 und 6 im Rücken kann er seiner Tochter auch verbieten, an Klassenfahrten und am Schwimmunterricht teilzunehmen.

Ich lese das Grundgesetz aber anders. In den ersten drei Artikeln kommen die Rechte des Individuums, der Schutz seiner Würde, seiner Freiheit und sein Recht auf Selbstbestimmung, dann kommen später die Gruppenrechte und der Schutz der Familie als Institution. Wenn aber die Artikel 4 und 6 mit den Artikeln 1, 2 und 3 kollidieren, haben die ersten Artikel für mich Vorfahrt, denn sie sind die Voraussetzung, dass die übrigen Artikel überhaupt Geltung haben.

Aber der deutsche Staat scheut die Konfrontation mit den Wertvorstellungen der Einwanderer aus dem islamischen Kulturkreis. Politiker alle Parteien betonen zwar regelmäßig, dass Einwanderer sich zur Werteordnung unserer Gesellschaft bekennen sollten, aber es fehlt an Strukturen und Mechanismen, um das wirklich zu garantieren und zu überwachen. Die Lehrerinnen und Lehrer sind überfordert und trauen sich kaum, solche Wertedebatten in den Schulen anzustoßen, sonst droht Ärger oder mindestens Beleidigtsein seitens der muslimischen Schüler. Deshalb begnügen sich Politiker oft mit leidenschaftlichen Appellen an «unsere Werte», die sich aber oft an die eigenen Wähler, nicht an die Problemgruppen richten.

Der Staat propagiert zwar Emanzipation, Gleichberechtigung und Freiheitssinn, wenn es um die Integrationsdebatte geht, handelt aber oft gegen diese Werte, wenn er ausgerechnet die konservativsten Kräfte innerhalb des Islam als Gesprächspartner sucht. Die Islamverbände, die jahrzehntelang durch ihre rückwärtsgewandte Theologie Parallelgesellschaften etabliert oder zumindest gefestigt haben, sollen nun bei der Integration von Neuzugewanderten an vorderster Front mitwirken. Einmal mehr wird die Integrationsdebatte islamisiert. Die Verbände sollen dabei sogar mit staatlichen Geldern massiv unterstützt werden. Also, die konservativen Kräfte, die eher für Tradition, Bevormundung und Geschlechter-Apartheid stehen, sollen plötzlich den Flüchtlingen erklären, wie Gleichberechtigung und Emanzipation funktionieren? Ist das nicht verrückt?

Und warum tut der Staat das? Erstens, weil die deutsche Bürokratie so funktioniert, und zweitens, weil der Staat so auch mit den christlichen Kirchen umgeht. Nach den Anschlägen des 11. September wollte der deutsche Staat mit dem «Islam» reden. Der deutsche Beamte im Innenministerium brauchte eine Institution mit einer festen Anschrift und einer Telefonnummer. «Guten Tag, ich möchte gerne mit Herrn Islam sprechen, wer ist am Apparat?» Migrantenverbände, die früher zum größten Teil eher ethnische Vereine waren, wurden zu islamischen Organisationen umfunktioniert und boten sich dem Staat als Gesprächspartner an. «Grüß Gott, Herr Innenminister. Ich bin der Islam, wie hätten Sie mich gerne: mit oder ohne Scharf?» Diese Verbände waren immer lernfähiger und klüger als der Staat. Sie wussten, dass sie mit ihren konservativen Inhalten bei den Politikern nicht punkten konnten, deshalb verfolgten sie eine Doppelstrategie: Die konservativen Imame blieben in den Moscheen versteckt und vergifteten die Moscheebesucher nach wie vor mit den komischen religiösen Inhalten, die die Welt in Gläubige und Ungläubige unterteilen und die Frau als Besitz des Mannes sehen; in die politischen Diskussionen und zu den Medien dagegen schickten sie kluge, freundliche junge Männer und Frauen, die von Gleichberechtigung, Menschenrechten und der Vereinbarkeit von Scharia und Demokratie schwärmten. Und warum mussten die Islamverbände sich so verstellen? Weil sie begriffen, dass sie durch diese Lippenbekenntnisse eine Chance haben, mit den Kirchen gleichgesetzt zu werden, was mehr Privilegien und mehr Zugang zu staatlichen Geldern und Institutionen bedeutet. Und so wird es bald mit staatlicher Unterstützung islamische Kindergärten, Schulen, Wohlfahrtsverbände und Krankenhäuser geben. Auch bei deutschen Schulen mischen die Verbände mit und sind Mitgestalter des Islamunterrichts. Die Seelsorge für muslimische Gefangene ist fest in den Händen der Verbände. Und so haben die Verbände, die nur 20 % der Muslime vertreten, Einfluss auf die große Zahl muslimischer Familien in Deutschland, und zwar von der Krippe bis zur Beerdigung. Sogar auf politische Parteien versuchen die Verbände mehr Einfluss zu nehmen, indem sie ihre Kader in die unterschiedlichen Parteien schicken, um dort Arbeitskreise für Muslime zu gründen mit dem Ziel, dort die Islamdebatte zu kontrollieren. Mit Ausnahme von AfD und NPD sind solche Arbeitskreise in jeder Partei sehr aktiv. Und die Parteien glauben, dadurch würden sie offener und toleranter, denn Arbeitskreise für Katholiken und Protestanten gibt es dort auch, warum also nicht für Muslime?

Und hier sehe ich das eigentliche Problem. Die Beziehung von Staat und Kirche in Deutschland ist nicht mehr zeitgemäß. Im Zuge der Säkularisierung nach der ersten deutschen Einigung im

19. Jahrhundert wurden die Kirchen praktisch mit Privilegien bestochen, um die säkulare Entwicklung mitzutragen. Kirchensteuer, Einfluss auf Bildung, Medien, Gesundheitswesen und karitative Einrichtungen waren der Preis. Für die damalige Zeit war das vielleicht notwendig und kreativ. Doch heute und angesichts der neuen Entwicklungen mit Migration und Flüchtlingszustrom muss der Staat umdenken. Die Lösung kann niemals sein, dass die Islamverbände, die eine vollkommen andere Entwicklung durchgemacht haben, die gleichen Privilegien bekommen wie die Kirchen. Es muss umgekehrt sein: Der Staat muss einige Kompetenzen von den Kirchen zurückholen. Nicht mehr Religion, sondern mehr Säkularisierung ist die Lösung. Ein neuer Entwurf des Gemeinwesens, ein neuer Gesellschaftsvertrag kann nicht zustande kommen, ohne dass dieses Thema ehrlich und offen diskutiert wird. Wenn man aber alles beim Alten lässt, entsteht mit Sicherheit ein neues Monster. Es kann nicht sein, dass die Muslime, die aus Afghanistan, Syrien, Irak, Iran, Pakistan, Somalia und Sudan vor den Auswüchsen des konservativen Islam fliehen, in Deutschland von Verbänden und Moscheevereinen betreut werden, die

einen ähnlichen Islam predigen. Man kann nicht den gleichen Stoff, aus dem Bürgerkriege gemacht werden, verwenden, um das Kleid für eine gelungene Integration zu nähen!

Wir leben in völlig anderen Zeiten als denen von Hobbes, Hume oder Weber. Die Gesellschaft besteht nicht mehr aus religiösen Bürgern und autoritativen Politikern. Leviathan ist genauso wie Nathan der Weise von Lessing ein Auslaufmodell. Beide können uns heute nicht weiterhelfen, um die Beziehungen vom Staat zu seinen Bürgern und vom Staat zur Religion zu bestimmen. Toleranz war gestern. Und Toleranz gegenüber Intoleranz ist feige und dumm. Eine Mitmachgesellschaft kann nicht auf dem Prinzip der Duldung basieren. Der Staat kann nicht Migranten gewinnen, indem er sie den konservativen Verbänden ausliefert, sondern indem er sie in sein Wertesystem einbindet. Freiheit, Emanzipation vom Zwang der Tradition, Stärkung des Individuums, Selbstbestimmung und die Gleichberechtigung von Mann und Frau sind da die Voraussetzungen. Diese Werte wurden im Laufe der Geschichte gegen die Abwehr der religiösen Institutionen erkämpft. Man kann heute nicht erwarten, dass die gleichen Institutionen plötzlich diese Werte propagieren, geschweige denn durchsetzen. Religion ist Privatsache, ist so was wie Sex, ich will niemandem dabei zusehen. Muss ein Ägypter euch Deutschen das eigentlich erklären? Verkehrte Welt!

Salamchen
Hamed

PS: Ja, es gibt eine islamische Avantgarde. Sie wechselte aber in den letzten Jahrzehnten mehrmals den Namen. Früher hieß sie Muslimbruderschaft, dann al-Qaida, dann ISIS, jetzt aktuell heißt sie nur noch IS.

Mein lieber Freund,

heute ist der 14. November 2015, und Du hast es sicher gehört: In der vergangenen Nacht ist Paris von einer terroristischen Anschlagsserie bislang ungeahnten Ausmaßes getroffen worden. Nach ersten Schätzungen gibt es mehr als 120 Tote und mindestens 200 Verletzte. Frankreich befindet sich im Ausnahmezustand, die höchste Sicherheitsstufe ist ausgerufen worden, und die Grenzen werden scharf kontrolliert, zwischenzeitlich hieß es sogar, sie seien geschlossen worden. Das Szenario erinnert an die Anschläge von New York, und ich persönlich empfinde gerade große Sorge, dass auch der weitere Verlauf der Geschichte Parallelen aufweisen könnte. Ich erinnere mich, dass Amerika damals nicht nur seine Sicherheitsstandards auf ein schon fast phobisch zu nennendes Niveau anhob, es rief außerdem den «Krieg gegen den Terror» aus. Steht uns jetzt ein solcher europäischer Krieg gegen den Terror bevor?

Erste Stimmen rufen dazu auf, dass wir jetzt für unsere Werte einstehen müssen und uns nicht vom Terrorismus unterkriegen lassen dürfen. In diesen Zusammenhang stellt sich natürlich umso drängender die von Dir aufgeworfene Frage nach den Ursprüngen politischer Radikalisierung. Dein Jonglieren mit Paragraphen in allen Ehren (die Vorfahrtsregeln für die Gesetze sehe ich ganz genauso), aber Du sagst ja selbst, dass niemand kontrollieren kann, wie ein Kind im Elternhaus geprägt wird. Auf der anderen Seite bist Du dafür, dass Religion Privatsache ist, was impliziert, dass es Dich im

Grunde nichts angehen dürfte, was in den Elternhäusern passiert. Am Ende kann es deshalb meiner Ansicht nach nicht allein relevant sein, ob jemand unsere Gesetze befolgt – das haben die Attentäter von Paris vermutlich vor den Anschlägen auch getan, und von den Attentätern von New York wissen wir ja sogar, wie gesetzeskonform sie sich vor den Anschlägen verhielten. Es kann also nur darum gehen, ob jemand unsere Werte und Gesetze nicht nur verstanden, sondern auch internalisiert hat. Ob er es also für absolut richtig und wichtig hält, dass Freiheit und Gleichberechtigung umgesetzt und geschützt werden, oder ob er nur einen Teil des Paketes (etwa die persönliche Freiheit) missbraucht, um andere Teile des Paketes (etwa das Gebot der Gleichberechtigung) zu unterwandern.

Es ist schon starker Tobak, wenn Du den hiesigen Islamverbänden unterstellst, dass sie sich nur zum Schein zu den freiheitlich-demokratischen Grundwerten bekennen, um im Stillen den konservativen Islam und besonders das Patriarchat zu zelebrieren. Wenn Du dann eine grundlegende Säkularisierung forderst, die sämtliche Kirchen in diesem Land, also auch die christlichen, betrifft, dann muss ich einwenden, dass ich das – obwohl ich keiner Kirche angehöre – zumindest fragwürdig finde. Zum einen geht von den christlichen Gemeinden in Europa gemeinhin keine Terrorgefahr aus, zum anderen würde ich als christliche Kirche in Deutschland fragen, warum es hinsichtlich der Privilegien auch mir an den Kragen gehen soll, wo doch offensichtlich ist, dass speziell der Islam einen gewissen Modernisierungsbedarf hat – und zwar mehr als die üblichen Schönheitsreparaturen. Und diesen Einwand könnte ich sogar verstehen. Das heißt nicht, dass ich damit den Druck in grundsätzlichen Fragen von den christlichen Kirchen nehmen wollen würde. Dass die katholische Kirche nicht nur ihren historischen Missbrauchsskandal aufarbeiten, sondern auch die Gleichstellung der Frau umsetzen muss, steht für mich nämlich außer Frage.

Ich befürchte aber, dass uns eine Säkularisierungsdebatte in der momentanen Situation wenig hilft oder sogar die drängenden Probleme vernebelt. Ich als Pragmatiker habe nebenbei gesagt auch überhaupt kein Problem damit, wenn in drängenden Fragen nicht alle gleichermaßen in die Pflicht genommen werden, sondern beispielsweise nur die Islamverbände – auch wenn das ausnahmsweise mal nicht ganz demokratisch ist, denn am Ende dient es ja den Werten der Demokratie. Ersparen wir uns an dieser Stelle bitte eine Grundsatzdiskussion über den Einsatz undemokratischer Mittel zum Wohle eines demokratischen Miteinanders. Popper hat ja außerdem das Paradox der Toleranz bereits bestens erklärt: Wenn Toleranz auch für die Intoleranten gilt, dann werden am Ende die Toleranten vernichtet und die Toleranz gleich mit ihnen.

All das bringt mich zu einer Frage, die ich Dir als Islamkenner und Gelehrtem (und das meine ich jetzt nicht ironisch) stellen möchte: Kann es überhaupt einen Islam geben, der vollumfänglich mit unseren freiheitlich-demokratischen Grundwerten übereinstimmt und deshalb als eine Art Blaupause für unser künftiges Zusammenleben fungieren könnte?

Gerade am heutigen Tag sei der Friede mit Dir
Hans

Lieber Hans,

ich habe die ganze Nacht keine Sekunde geschlafen, weil ich die Ereignisse in Paris am Bildschirm verfolgt habe. Du kannst Dir nicht vorstellen, wie unendlich traurig ich gerade bin. Die Stadt der Liebe ist blutverschmiert. Das Land der Freiheit macht die eigenen Grenzen dicht. Ja, auch ich befürchte, dass die Terroristen Teile ihrer Ziele mit diesen Anschlägen erreicht haben. Sie haben uns erneut da getroffen, wo wir am verwundbarsten sind. Und jetzt verfallen wir alle in Aktionismus. Antiterrorgesetze werden verschärft, vermutlich in Deutschland noch vor Frankreich, der Terror in Paris wird mit der Flüchtlingsdebatte vermischt. Auf den pauschalen Hass der Terroristen gegen den Westen wird mit einem pauschalen Hass gegen Muslime geantwortet. Die friedlichen Muslime, die ja die Mehrheit der Muslime ausmachen, werden immer kleinlauter und begnügen sich mit hilflosen apologetischen Floskeln à la «Der Terror hat mit dem Islam nichts zu tun».

Nichts anderes wollen die Terroristen erreichen, außer dass wir von Angst getrieben werden. Sie wollen 100 töten und dabei 100 Millionen erschrecken. Nichtmuslime müssen aber begreifen, dass man den Terror nur bekämpfen kann, indem man mit Muslimen zusammenarbeitet, die eindeutig gegen Terror und Gewalt sind. Denn Hass kann man niemals mit Hass beseitigen!

Aber auch Muslime müssen lernen, dass man den Terror nur bekämpfen kann, indem man seine Ursprünge offen und ehrlich thematisiert. Der Terror hat leider viel mit dem Islam zu tun, mit der Unantastbarkeit des Koran und des Propheten, mit der Abwertung der «Ungläubigen» und Andersgläubigen, mit den Ansprüchen des Islam, einen zeitlosen politischen Auftrag direkt von Gott empfangen zu haben.

Nicht schnelle Gesetze, nicht gemeinsame Gebete, nicht «Je suis irgendwas»-Statusmeldungen, nicht Hass und Pauschalurteile, nicht Apologetik und «Terror hat keine Religion» können uns in diesem Kampf gegen den Terror helfen. Wir müssen auf die hinterhältige Gewalt mit selbstbewusster Wachsamkeit, auf die Kultur des Todes mit Lebensfreude und auf die Kräfte des Mittelalters mit dem Geist der Freiheit und des Humanismus antworten!

Du hast natürlich recht, dass Säkularisierung allein nicht alle Probleme in Deutschland lösen könnte. Kein anderes europiäsches Land ist säkularer als Frankreich, dennoch hat das Land wie kein anderes mit Integrationsschwierigkeiten, sozialen Spannungen und jetzt auch noch mit Terror zu kämpfen. Aber für den deutschen Kontext ist diese Säkularisierung wichtig, nicht weil von der Kirche Terrorgefahr ausgeht, sondern weil reaktionäre muslimische Verbände sich hinter der Kirche verstecken, um mehr politische Macht und mehr Steuergelder zu bekommen. Und kirchliche Würdenträger unterstützen sie dabei massiv, nicht aus Nächstenliebe, wie ich finde, sondern aus Eigeninteresse, denn wenn die Muslime die gleichen Privilegien bekommen wie die Kirchen, kann man diese Privilegien auch für die christlichen Institutionen nicht mehr rückgängig machen.

Ob es einen Islam gibt, der vollumfänglich mit unseren freiheitlich-demokratischen Grundwerten übereinstimmt? Vielleicht der Islam meiner Großmutter. Sie war ein wunderbarer Mensch, liebevoll und barmherzig, sie betete regelmäßig in ihrem Haus und weinte dabei vor Ehrfurcht, sie fastete im Ramadan, kümmerte sich um die Armen und Schwachen in meinem Heimatdorf in Ägypten, weil für sie ein wahrer Muslim war, der sein Glück mit anderen teilte. Sie hatte christliche Freunde und hat niemals jemanden gehasst. Gegen diesen Islam habe ich absolut nichts, im Gegenteil halte ich diese spirituelle und soziale Seite des Islam für sehr wichtig. Ohne diese Seite würde sich der Zerfallsprozess in vielen islamischen Ländern in erheblichem Tempo beschleunigen. Doch diese Seite kann man nicht institutionalisieren. Das kann man eben nur privat leben. Mit der Institutionalisierung des Islam lässt man zu, dass auch die politischen und juristischen Seiten dieser Religion an Bedeutung gewinnen. Und genau da fängt der Hamster an, rückwärts zu humpeln. Die meisten islamistischen Bewegungen begannen ja als soziale Reformbewegungen, viele davon endeten jedoch als reaktionäre militante Gruppierungen, die Unheil stifteten. Denn wenn man damit beginnt, den Auftrag Gottes zu erfüllen, muss man am Ende gegen all die vorgehen, die Gott im Koran verflucht. Und da der Koran davon ausgeht, dass alle Nichtmuslime ewig in der Hölle schmoren werden, fällt es einem Muslim, der die Texte ernst nimmt, schwer, diese «Ungläubigen» als gleichberechtigte Mitmenschen zu betrachten, mit denen man in Frieden leben sollte.

Die meisten Muslime kennen, Gott sei Dank, diese Texte nicht oder wollen sie nicht direkt umsetzen. Und darauf kann man aufbauen. Nicht der Islam sollte die Basis für ein gelungenes Zusammenleben bilden. Nicht der Islam ist reformierbar, sondern das Denken der Muslime. Wir dürfen den Islam mit den Muslimen nicht immer gleichsetzen. Der Islam sieht nur Gott als den Gesetzgeber vor, dessen Gesetze unveränderbar sind. Muslime dagegen sind oft viel flexibler und können nicht nur mit der Demokratie leben, sondern sehen Demokratie sogar als die beste Form des Zusammenlebens. Die meisten von ihnen sind kein Koran auf zwei Beinen, sie erfüllen die meisten Gebote des Islam nicht, sie tanzen und hören gerne Musik, obwohl es islamisch verpönt ist, sie haben christliche und nichtgläubige Freunde, obwohl es im Koran ausdrücklich verboten ist.

Muslime sind in erster Linie Menschen, und so sollte man mit ihnen auch umgehen. Menschen, die die gleichen Rechte und Pflichten haben wie alle anderen in unserer Gesellschaft. Der gemeinsame Nenner mit Muslimen sollte nicht die Legende von Abraham, sondern der Glaube an den Menschen sein. Muslime sind auch Individuen, keine einheitliche Masse mit den gleichen Bedürfnissen und Zielen, deshalb kann man deren Integration nicht durch eine islamische Institution vorantreiben. Eine Moschee ist eine Moschee, ein Ort des Gebets, kein Ort der Integration. Integration funktioniert über Bildung, Arbeit, Teilhabe am kulturellen Leben. Und in dieser Hinsicht sind Moscheen leider immer noch eher kontraproduktiv. Deshalb ist Säkularisierung in Deutschland wichtiger denn je!

Hamed

Lieber Hamed,

selbstverständlich wird es politische und vermutlich auch militärische Reaktionen auf die Anschläge von Paris geben. Aber was erwartest Du denn auch? Schon am Morgen nach den Terrorakten war in verschiedenen Zeitungen zu lesen, dass der Westen sich einen solchen Angriff auf seine Grundwerte nicht gefallen lassen dürfe. Das stimmt einerseits, andererseits ist es vermutlich genau diese Reaktion, die die Terroristen provozieren möchten: Jeder Muslim soll sich die Frage stellen müssen, auf welcher Seite er im Zweifelsfall steht. Auf Seiten sittlich verlotterter Ungläubiger, Kreuzzügler obendrein? Oder doch auf der Seite der einen, reinen Lehre Mohammeds?

Leider ist da ein nicht unbeträchtlicher Spielraum für ein diffuses Sympathisantentum, das uns Deutschen spätestens seit dem Deutschen Herbst ein mulmiges Gefühl bereitet, denn ohne die Hilfe von Sympathisanten wäre der Terror der RAF vielleicht schon deutlich früher Geschichte gewesen.

Die Vermischung der Themen Flüchtlingspolitik und Terrorgefahr liegt psychologisch auf der Hand. Zum Glück scheinen aber die besonnenen Stimmen zu überwiegen. Selbst der bislang auf Konfrontationskurs segelnde Horst Seehofer fordert jetzt einen Schulterschluss aller Demokraten, und das ohne Wenn und Aber. Das ist richtig und ebenso wichtig wie der Hinweis, dass in den Flüchtlingslagern Menschen auf eine bessere Zukunft hoffen, die vor dem Terror des IS geflohen sind und denen deshalb nichts ferner liegt, als mit diesen Terroristen zu sympathisieren.

Andererseits hört man aber auch Stimmen, wie sie von Dir prophezeit wurden. Muslime, die behaupten, dass Terroristen keine Muslime sein können, und Gelehrte, die wortreich zu erklären versuchen, dass die Gründe für die Terroranschläge von Paris nicht im Islam verwurzelt seien. Da frage ich mich natürlich: Ja, wo sind sie denn sonst verwurzelt? Kannst Du es mir erklären?

Eine Säkularisierung forderst Du also. Ich habe, wie schon gesagt, prinzipiell nichts dagegen. Allerdings würde ich darum bitten, dass wir jetzt nicht historisch langwierige Prozesse erörtern, sondern uns über konkrete Maßnahmen verständigen.

Was wären denn in Deinen Augen die ersten machbaren Schritte hin zu einem säkularisierten Deutschland, wie Du es Dir vorstellst?

Wenn Du darüber hinaus als echte Verbündete jene Muslime ins Feld führst, die sich – aus welchen Gründen auch immer – bereits auf privatem Wege säkularisiert haben, dann frage ich mich natürlich, ob nicht gerade die es sind, die sich jetzt gegen ihre eigenen Institutionen wenden müssten, und das eben mit der Forderung nach – sagen wir mal – Emanzipation.

Und es gäbe da noch ein Thema, das ich nicht müde werde auf die Agenda zu setzen: die Gleichstellung der Frau. Ali Ahmad Said alias Adonis hat es kürzlich in einem Interview mit Iris Radisch folgendermaßen auf den Punkt gebracht: «Wenn die Muslime von einer echten Revolution träumen, müssen sie zwei Dinge tun. Sie müssen Religion und Staat trennen. Und sie müssen die Frauen befreien. Solange sie das nicht fertigbringen, wird sich absolut nichts ändern.»

Ich habe das Gefühl, wenn wir die Frauen befreien, dann müssen wir uns um die Kinder nicht mehr so große Sorgen machen.

Liebe Grüße
Hans

Lieber Hans,

schon seit den Anschlägen des 11. September wird im Westen ein Krieg gegen den Terror beschworen. Und ein Schulterschluss aller Demokraten wird seitdem regelmäßig verlangt. Wir waren seitdem mal alle Amerikaner, dann alle Spanier, dann alle Briten, dann alle Charlie und nun innerhalb eines Jahres alle wieder Franzosen. Seit 9/11 wiederholt sich alles nach dem gleichen Muster. Nach jedem neuen Anschlag kommen die üblichen Verdächtigen mit den gleichen politischen Durchhalteparolen über die Notwendigkeit, den Terror gemeinsam zu bekämpfen. Vereinzelte oder intensivierte Luftangriffe auf den Feind lassen nicht lange auf sich warten. Dann kommt die Betonung, dass der Islam eigentlich eine Religion des Friedens sei, die von Terroristen nur missbraucht würde. Es kamen zwei Kriege in Afghanistan und im Irak, die Verschärfung der Antiterrorgesetze, das Zusammenrücken westlicher Geheimdienste und Sicherheitsapparate.

Viel ist seitdem passiert, und dennoch hat sich alles verschlechtert. Denn wenn man die Weltkarte des Terrors 2015 mit der von 2001 vergleicht, ist unschwer zu erkennen, dass dieser Kampf nicht nur erfolglos, sondern offensichtlich kontraproduktiv ist. Gab es 2001 einige tausend Terroristen in Afghanistan, die weniger als zehn Terroranschläge verübt haben, so haben wir es heute mit mehreren Terrorarmeen in allen Ecken der Welt zu tun: Mali, Somalia, Nigeria, Südphilippinen, Tunesien, Marokko, Ägypten, Irak und Syrien. Hunderttausende Opfer haben diese Terrorbanden gefordert, hauptsächlich Muslime. Die Terrorgruppen in Afghanistan und Irak wurden nur kurzfristig durch westliche Militäraktionen geschwächt, doch später konnten sie sich neu organisieren und im Falle Iraks sogar expandieren. Heute hat der Terror sogar einen Staat. Hatte al-Qaida 2001 ihre Kader in die USA geschickt, um Terroranschläge zu verüben, so exportiert Europa nun Tausende Terroristen in den Nahen Osten, die als Dschihadisten in Syrien und Irak kämpfen. Diese waren für die Terroranschläge in Madrid, London und Paris verantwortlich. In Deutschland wurden mehrere geplante Anschläge zum Teil in letzter Minute vereitelt. Also bekämpft man den Terror nicht, sondern man versucht verzweifelt, seine Schlagkraft mal erfolgreich und oft erfolglos zu begrenzen.

Der IS besteht nicht nur aus 40 000 Kämpfern, sondern ist ein Produkt einer Kultur des Todes, die in den Schulen der meisten islamischen Staaten heute unterrichtet wird. Wenn man die Schulbücher in Ägypten, Marokko, Jemen, Pakistan und

Saudi-Arabien liest, wundert man sich nicht mehr, dass der Hass gegen den Westen so groß ist. Apropos Saudi-Arabien. Unser Partner im Kampf gegen den Terror befeuert den Krieg in Syrien und Irak durch seine Söldner und führt direkt einen anderen Religionskrieg im Jemen. Dabei wird das Königreich von Katar unterstützt. Dennoch verkauft Deutschland Waffen an beide Staaten. Und dann wundert man sich hier, wenn demnächst auch aus dem Jemen mehr Flüchtlinge zu uns kommen. Wenige Wochen vor dem erneuten Anschlag in Paris hat der Imam von Mekka in der Kaaba alle Juden, Christen, Schiiten und Ungläubigen verflucht, und er betete laut, Allah möge sie alle vernichten, ihre Frauen zu Witwen und ihre Kinder zu Waisen machen. Die gläubigen Muslime aus der ganzen Welt, die um die Kaaba versammelt waren, antworteten auf sein Gebet mit: Amen. Und wir fragen uns, warum sie den Westen hassen?

Genau hier wird das Versagen auf muslimischer Seite deutlich. Muslime sind oft mehr mit der Verteidigung ihrer Religion und der Verdammung von Islamkritikern beschäftigt als mit der Bekämpfung der hausgemachten Problemen. Das beste Beispiel dafür ist ihr Umgang mit den dänischen Mohammed-Karikaturen vor zehn Jahren und nun der Umgang mit dem IS. Vor zehn Jahren gingen die Massen der Muslime auf die Straße, westliche Botschaften wurden gestürmt, mehrere Dutzend Menschen verloren dabei ihr Leben. Und warum? Weil ein dänischer Karikaturist den Propheten Mohammed mit einer Bombe im Turban gezeichnet hatte, um auf das Gewaltpotenzial im Islam hinzudeuten. Muslime waren also aufgebracht und übten Gewalt, weil ein Künstler meinte, der Islam sei gewalttätig. Wenige Jahre später trug der IS eine Flagge mit dem Namen Mohammed darauf, wütete in Irak und Syrien, warf echte Bomben, tötete, enthauptete, verbrannte echte Menschen. Die ganze Welt hat diese Bilder gesehen, auch Muslime. Und wo blieb die wütende Antwort der Muslime? Warum fühlten sie sich von einer harmlosen Zeichnung mit dem Bild des Propheten beleidigt, aber nicht von Menschen, die im Namen dieses Propheten töten? Offensichtlich weil der Täter für viele Muslime wichtiger ist als das Opfer. Wenn der Täter aus dem Westen kommt, ist die Empörung besonders groß. Wenn israelische Luftschläge Menschen in Gaza umbringen, ist die islamische Welt empört und wütend. Wenn aber Muslime andere Muslime auf grausame Art und Weise töten, hört man kaum etwas. Es bleibt eben in der Familie.

Natürlich distanzierten sich viele Muslime auf Twitter und Facebook von der Brutalität des IS, doch das beeindruckt den IS kaum, im Gegenteil. Man geht nicht aktiv gegen die Ideologie vor, die den Terror nährt. Man hat Angst vor der Konfrontation mit der Urquelle der Gewalt. Viele erkannten zwar, dass wir etwas gegen die Hassprediger tun müssen, aber es fehlt bis jetzt die Ehrlichkeit, zuzugeben, dass diese Hassprediger sich eigentlich auf authentische Teile des Islam berufen. Natürlich hat der Westen viele Fehler in der arabischen Welt gemacht, wie nicht zuletzt im Irak-Krieg, doch der größte Fehler des Westens liegt darin, dass man im Namen der Toleranz zugelassen hat, dass der politische Islam seine Strukturen hier ausbauen durfte. Einerseits wollte man die Geschäfte mit den Golfstaaten, der Türkei und dem Iran nicht beeinträchtigen, andererseits scheute man die Konfrontation mit muslimischen Migranten und ihren Weltanschauungen. «Gerade wir als Deutsche» wollten nicht ein weiteres Mal eine Minderheit bevormunden und an den Rand drängen, dachte man. Also, mal aus wirtschaftlichem

Opportunismus, mal aus Kulturrelativismus und oft aus Gleichgültigkeit, ließ man zu, dass auch bei uns die Saat der Intoleranz gesät und bewässert wurde.

Und es reicht nicht aus zu behaupten, der IS sei ein Kind des US-Versagens im Irak und der islamische Fundamentalismus in Europa nur wegen Gleichgültigkeit oder Diskriminierung von Muslimen entstanden. Denn die USA machten ähnliche, zum Teil noch schlimmere Fehler in Vietnam, Chile und Korea, dennoch sind aus diesen Ländern keine Terrorkommandos entstanden, die Konzerthallen im Westen in die Luft jagen oder westlichen Journalisten vor laufender Kamera die Köpfe abtrennen. Auch junge Afrikaner und Vietnamesen werden oft in Deutschland diskriminiert, dennoch schließen sie sich nicht fremden Armeen an, um Deutsche oder Franzosen umzubringen. Auch die These, Armut und soziales Elend seien für den Terrorismus verantwortlich, kann ich nicht unterstützen. Bin Laden war ein Milliardär, alle Attentäter des 11. September kamen aus gutbürgerlichen Familien, 15 davon aus Saudi-Arabien. Das Gleiche gilt für die Kämpfer des IS, viele davon kommen aus den reichen Golfstaaten, aus der tunesischen oder marokkanischen Mittelschicht und eben aus Europa. Politische und soziale Gründe spielen bei der Radikalisierung natürlich eine Rolle, aber sie sind für mich eher Brandbeschleuniger, nicht die Quelle des Feuers. Die Quelle ist, wie ich finde, eine gekränkte Religion, die sich selbst und ihre Anhänger verherrlicht und den Rest der Welt verdammt. Eine Religion, die Pluralität und Gleichheit aller Menschen ablehnt und Gewalt als Mittel der Politik nicht nur duldet, sondern durch heilige Texte sogar fordert und fördert. Eine Religion, die den Tod mehr schätzt als das Leben und den Menschen als einen schwachen Sünder sieht, der einen strengen moralischen Katalog erfüllen muss, um sich von dieser Sünde zu befreien.

Was die Moscheevereine hierzulande oft von den jungen Muslimen verlangen, ist, dass sie zu diesem moralischen Katalog zurückkehren und ihren Alltag an den Regeln des Korans und den Aussagen des Propheten ausrichten: Essen, Trinken, Schlafen, Sex, Freundschaften, Arbeit, Unterhaltung. Selbst für den Toilettengang gibt es entsprechende Gebote. Und da es für einen Menschen, der in Europa lebt, beinahe unmöglich ist, sich an diesen Katalog zu halten, kommt es dazu, dass sich drei Gruppen bilden: Muslime, die sich daran nicht oder nur teilweise halten (ich behaupte mal, die Mehrheit der Muslime), Muslime, die diese Regeln haargenau befolgen und sich selbst dadurch in die Isolation treiben (Salafisten und andere konservative Gruppen), und Muslime, die die Spannung nicht aushalten und die Isolation nicht länger ertragen können – sie werden Dschihadisten. Sie versuchen, durch ein kurzfristiges Projekt den schnellsten Weg zur «Erlösung» zu nehmen. Sie kämpfen in Irak und Syrien und können nur gewinnen. Denn wenn sie den Krieg gewinnen, haben sie politische Macht und leben dabei nach den Regeln des Islam. Auch wenn sie im Krieg fallen, sind sie Märtyrer, die von der Qual der Hölle befreit sind und 72 Jungfrauen im Paradies als Belohnung bekommen.

Und jetzt offenbare ich Dir, lieber Hans, warum ich mir Sorgen mache. Mir machen nicht die ein oder von mir aus zwei Millionen Flüchtlinge, die zum Teil vor Terror und Krieg zu uns flüchten, Sorgen. Ich mache mir Sorgen, weil die Lage in vielen islamischen Staaten wirklich prekär ist, politisch, wirtschaftlich und gesellschaftlich. Ethnische, religiöse und soziale Konflikte, die die Diktatoren früher mit eiserner Hand unterdrückt haben, brechen nun auf und sind kaum mehr kontrollierbar. In der islamischen Welt sind 70 % der Bevölkerung unter 30 Jahre alt. Die Hälfte davon hat weder einen Job noch eine Aussicht auf eine bessere Zukunft. Die meisten islamischen Länder haben keine produktiven Wirtschaften, sondern leben entweder von Tourismus oder vom Erdöl. Beide Einnahmequellen sind verwundbar und nicht unerschöpflich. Die Bevölkerungsexplosion, die politische, wirtschaftliche aber auch sexuelle Frustration der testosterongeladenen Generation 18+ ist groß. Der Arabische Frühling, der Terrorismus, die Flüchtlingswelle haben für mich die gleichen Ursachen und Beschleuniger: Es ist das Erwachsenwerden einer Generation, die in der Schule Frömmigkeit lernt und in den Medien und im Internet allen Verführungen des westlichen Lebens ausgesetzt sind. Sie wollen leben, aber sie dürfen nicht. Sie haben gelernt, Europa zu verachten, aber sehen den alten Kontinent nun doch als Mekka ihrer Träume. Diese Spaltung nimmt zu, und die Probleme wachsen schneller als die Kapazität, sie zu lösen. Diese Spaltung und diese Probleme kommen nun auch zu uns. Also müssen Flüchtlinge nicht nur die Sprache und einen anständigen Beruf lernen, sondern viele von ihnen müssen sich von dieser schizophrenen Haltung und somit von authentischen Teilen ihrer Kultur trennen. Das ist im Einzelfall manchmal möglich. Ich selbst war früher Mitglied der Muslimbruderschaft in Ägypten, und heute nennt man mich Islamkritiker. Aber für die Masse ist es ziemlich schwierig, eine Transformation durchzumachen. Die Migration fördert eher den Konservatismus, denn man ist in der Fremde auf eine tadellose, gefestigte Identität angewiesen. Oft werden Muslime deshalb erst nach der Migration wirklich religiös. Und kein Geld der Welt kann diese Menschen verändern, wenn sie selbst nicht den Mut haben, mit alter Tradition zu brechen. Weißt Du jetzt, warum ich die Rolle der Islamverbände in der Flüchtlingsdebatte negativ beurteile? Weißt Du endlich, warum ich ein großer Verfechter des Säkularismus bin?

Was ich mit Säkularismus konkret meine, ist klar: Bildung ist eine Sache des Staates, nicht der Religionsgemeinschaften. Es ist nicht die Aufgabe des Staates, Steuergelder dafür zu verwenden, dass religiöse «Wahrheiten» an Schulen unterrichtet werden. Deshalb bin ich gegen konfessionsgebundenen Religionsunterricht. Auch die Gleichberechtigung von Frau und Mann beginnt in der Bildung: Egal ob die Religion dafür oder dagegen ist, muslimische Schülerinnen müssen an Klassenfahrten und am Schwimmunterricht teilnehmen. Kein Mädchen unter 16 Jahren darf ein Kopftuch in der Schule tragen. Die Schule soll diese Schülerin mit Argumenten ausstatten, damit sie sich notfalls zu Hause gegen ihren Vater durchsetzen kann. Säkularisierung bedeutet: Der Staat wahrt die gleiche Distanz zu allen Gruppen im Lande, ob religiös oder nicht. Warum sitzen Kirchenvertreter in Rundfunkräten, aber keine Vertreter der Muslime, der Hindus, der Atheisten, Humanisten und Veganer? Entweder alle oder keiner!

Hamed

Mein engagierter arabischer Freund,

ich verstehe, dass Du den Proporz als Argument für die Säkularisierung Deutschlands ins Feld führst, und ich halte das Ansinnen ja auch für ehrenwert. Aber Dein Ruf nach einem Säkularisierungsfahrplan für alle in Deutschland praktizierten Religionen greift für mich insofern zu kurz, als der Wunsch nach Erneuerung auch immer aus der Mitte der jeweiligen Gruppen kommen muss.

Ich bin getaufter Katholik. In meiner spirituellen Findungsphase – so zwischen sechzehn und neunzehn – habe ich mal in einer Talkshow angerufen und einen Bischof (ich glaube, es war der inzwischen zum Kardinal aufgestiegene Karl Lehmann) gefragt, ob er mir rät, aus der katholischen Kirche auszutreten, wenn ich mit wesentlichen ihrer Lehren nicht einverstanden bin beziehungsweise diese schlicht nicht befolge. Statt mir also ein schlechtes Gewissen wegen vorehelichen Sex, verschluderter Beichten oder äußerst unregelmäßiger Kirchgänge zu machen, wäre es doch vielleicht sinnvoller, wenn die katholische Kirche und ich getrennte Wege gingen, so meine Argumentation.

Der Bischof wand sich erwartungsgemäß. Einerseits wollte er mich nicht als zahlendes Mitglied der Kirche verlieren, andererseits konnte er mir schlecht vor einem großen Fernsehpublikum einen Sodom-und-Gomorra-Freifahrtschein ausstellen.

Also habe ich der katholischen Kirche etwas später die Entscheidung abgenommen und bin ausgetreten. Damals habe ich mich also in Deinem Sinne säkularisiert, denn seitdem lebe ich meine Religion, die ein ziemlich wüstes Gemisch aus vielen religiösen Anschauungen ist – übrigens gehört die christliche auch dazu –, völlig privat. Praktischerweise bedarf meine Religion keiner teuren Kultgegenstände oder Gebäude, außerdem kennt sie keinen herkömmlichen Gottesdienst. Sie missioniert nicht, und man kann ihr auch nicht beitreten. Ich bin das einzige Mitglied dieser ziemlich coolen Kirche, zugleich bekleide ich alle wichtigen Ämter. Zwischenzeitlich war ich sogar mein eigener Papst, wurde aber von mir wieder abgewählt, weil ich im Rahmen einer Reformationsbewegung sämtliche Hierarchien abgeschafft habe.

Das alles ist mir geglückt ohne Intervention seitens des Staates. Und nun frage ich Dich: Können Muslime das nicht auch? Wenn sich, wie Du schreibst, die meisten Muslime ohnehin nur halbherzig an die Regeln und Gebote des Islam halten, dann wäre es doch auch denkbar, dass sie genau das öffentlich machen und damit ein Zeichen für all jene setzen, die auf die unbedingte Einhaltung der Regeln und Gebote pochen. Ein säkularisierter Muslim, der seine Frau als gleichberechtigt betrachtet und behandelt, sollte sich nicht damit zufriedengeben, dass dies von offizieller Seite geduldet wird. Wenn er es für richtig hält, sollte er das auch innerhalb seiner Religionsgemeinschaft offensiv vertreten. Stell Dir mal vor, was es bedeuten könnte, wenn säkularisierte Muslime darauf drängen, dass sie in ihren Gemeinden von emanzipierten muslimischen Frauen vertreten werden.

Ich weiß schon, was Du jetzt sagen wirst. Nämlich, dass ich naiv bin. Das mag auch so sein, aber das ist noch lange kein Argument gegen einen solchen Paradigmenwechsel. Und der würde eben von jedem einzelnen Muslim und jeder einzelnen Muslima abhängen und wäre damit nicht von staatlicher – und obendrein deutscher – Seite verordnet. Unterstützen, und da sind wir uns einig, müssen wir das dann in vielfältiger Weise mit Integrationsmaßnahmen, mit breit angelegten Bildungsoffensiven und Kulturangeboten. Und genau in diesem Punkt ist unser Land gefragt, nicht nur ein bisschen, sondern sehr viel Geld in die Hand zu nehmen.

Aber daran soll es nach meinem Dafürhalten nicht scheitern.

Hans

Lieber Hans,

ja, in der Tat bist Du naiv. Genauso naiv wie die Kanzlerin, als sie sagte, der Islam sei Teil von Deutschland. Man geht von der eigenen Geschichte aus und glaubt, dass das, was das Christentum an Reformation und Säkularisierung geschafft hat, auch für den Islam machbar sei. Doch Christentum und Islam haben vollkommen unterschiedliche Entstehungs- und Entwicklungsgeschichten. Die Trennung von Religion und Staat wurde dem Christentum in die Wiege gelegt, da dessen Gründungsfigur Jesus höchstens drei Jahre auf der Weltbühne als Prediger agierte. Er hatte keine politischen Ämter übernommen, keine Eroberungskriege geführt, keine Gesetze erlassen. Weil er sagte: «Mein Reich ist nicht von dieser Welt», konnte er auch sagen: «Gib dem Kaiser, was des Kaisers ist, und gib Gott, was Gottes ist.»

Das Christentum musste nach Jesus drei Jahrhunderte lang als eine verfolgte Minderheit in unterschiedlichen Reichen leben. Aus dem Bewusstsein des Verfolgten heraus war es keine große Kunst, sich zum Säkularismus zu bekennen und seine religiösen Ansprüche zurückzustellen. Erst als Kaiser Konstantin das Christentum zur Staatsreligion des Römischen Reiches machte, begann die politische Karriere des Christentums. Erst die Vermischung von Religion und Machtpolitik machte das Christentum zu einem Global Player, aber auch zu einer Last für sich selbst. Im Mittelalter führte diese Vermischung zu den grausamen Kreuzzügen, zum Ablasshandel, zu Inquisition und Hexenverbrennung. Doch die Reformation und die Säkularisierung waren danach möglich, weil man behaupten konnte, dass die katholische Kirche nicht nach der Lehre Jesu gehandelt hatte, denn Jesus führte keine Kriege, sondern sagte: «Liebet eure Feinde.» Er ließ sündige Frauen weder verbrennen noch steinigen, sondern sagte: «Wer von euch ohne Sünde ist, der werfe den ersten Stein.» Deshalb begann Martin Luther seine Reformation mit der Aufforderung, zu der reinen Lehre Jesu und zum Wort des Evangeliums zurückzukehren. Beide widersprachen deutlich der Kirche und deren Machtpolitik.

Anders der Islam und seine Gründungsfigur. Mohammed war nicht nur ein Prediger, sondern auch ein Staatsmann und Kriegsherr. Er gründete einen Staat, verabschiedete Gesetze für seine Gemeinde und musste sich auch um die Finanzen kümmern. Er führte Kriege, machte Beute und forderte Tribute. Er war Kaiser und Prophet zugleich. Auch jede Angelegenheit des Alltags seiner Gemeinde regelte er, von Bekleidung übers Essen und Trinken bis hin zum Geschlechtsverkehr. Und so vermischte er von Anfang an die Religion mit Politik, Wirtschaft mit Kriegsbeute, Gesetzgebung mit Moral. Und genau diese Vermischung war sowohl das Erfolgsrezept als auch der Geburtsfehler des Islam. Denn durch diese Vermischung kam es zur raschen Ausbereitung dieser Religion. Alle Herrscher nach Mohammed folgten dem Konzept, dass der Islam alle Aspekte des Lebens durchreguliert. Der Islam hat sich nie als Minderheit erlebt, da er von Anfang an aus einer Machtposition heraus auf die Welt blickte. Deshalb hilft es uns heute nicht, wenn einer kommt und wie Luther sagt, lasst uns zum Leben des Propheten und zum Wortlaut des

Korans zurückkehren. Weißt Du, wer das heute sagt? Die Salafisten und die IS-Kämpfer. In ihren Augen haben Muslime weltweit ihren Glauben verwässert, die Lehre des Propheten und die Gebote des Korans vergessen und müssen deshalb notfalls mit Gewalt zu der reinen Lehre des Islam zurückgeführt werden. So gesehen war Luther eigentlich ein Salafist, aber weil er die Leitfigur Jesus vor Augen hatte, führte sein Salafismus zur Reformation.

Es gibt, Gott sei Dank, viele säkularisierte Muslime, aber leider keinen säkularen Islam. Es gibt auch keine zentrale islamische Institution wie die Kirche, die einen Reformprozess durchmachen könnte. Der Islam ist ein Selbstbedienungsbüffet, man kann davon nehmen und lassen, was man will. Das gilt natürlich nur für das liberale Individuum. Für konservative Muslime ist der Islam ein Menü, bei dem nicht nur die Speisen festgeschrieben sind, sondern auch die Menüfolge. Deswegen sollte der deutsche Staat sich von der Illusion lösen, dass durch die Aufwertung der Islamverbände eine Reform möglich wäre, denn selbst wenn die Islamverbände aus Überzeugung oder aus Kalkül Reformen zulassen, werden sie von noch konservativeren Gruppen als nicht genuin islamisch gesehen und werden dadurch an Autorität verlieren. Radikale Gruppen entstehen immer am Rande der islamischen Glaubensgemeinschaften, wenn sie merken, dass die Gemeinschaft staatstragend wird und den Status quo vertritt.

Ich denke, dass Deine persönliche Erfahrung mit Säkularisierung genau das richtige Modell ist. Ich finde, wir sollten Deine Geschichte mit Kardinal Lehmann ins Arabische übersetzen und an Flüchtlinge verteilen. Darauf sollte man schreiben: «Hans hat es geschafft, warum nicht auch Du?»

Gott sei Dir gnädig, Du ehemaliger Pontifex!
Hamed

Lieber Hamed,

steile Thesen, die Du da aus der Haremshose ziehst. Luther soll im übertragenen Sinne ein Salafist gewesen sein? Die christliche Kirche hat sich noch nie sonderlich für Politik interessiert? Und sämtliche Christen sind angeblich tipptopp säkularisiert? Dass ich nicht lache! Die katholische Kirche hat nicht nur schon immer Religion und Politik vermischt, sie tut es auch heute noch. Deswegen gibt es ja den Einfluss des Klerus auf diverse Institutionen in diesem Land, und deswegen plädierst Du ja auch für Säkularisierung. Speziell den Katholiken ist es übrigens nicht nur gelungen, einen eigenen Staat zu gründen, sondern ihn auch politisch praktisch unangreifbar zu machen. Wenn man die Ländereien, Immobilien und alle anderen Besitztümer des Vatikans weltweit zusammennehmen würde, dann hätte man wahlweise einen neuen Player für die G7-Gruppe oder einen hübschen Blue Chip. Aber die Bescheidenheit der katholischen Geistlichen geht ja so weit, dass sie am liebsten überhaupt nicht über ihre Notgroschen reden. Und da es sich, wie der Name schon sagt, um Notgroschen handelt, werden diese auch nur im Notfall rausgeholt. Die Flüchtlingskrise ist offensichtlich kein Notfall, denn ich habe nicht gehört, dass die Kirchen in Deutschland ein paar Milliarden lockermachen, um substanziell zu helfen.

Dabei gäbe es für die christliche Kirche durchaus nicht nur Profilierungs-, sondern auch Akquisepotenzial. Nicht mein Konterfei sollte auf den von Dir vorgeschlagenen Flugzetteln zu sehen sein, sondern besser gleich das Gesicht eines hochrangigen christlichen Würdenträgers. Dazu ein lockerer Spruch in der Art: «Ärger mit dem Islam? Haben wir auch ständig! Also, worauf wartest Du? Komm zu uns!»

Aber Spaß beiseite, wie sollen wir Deiner Meinung nach den säkularisierten Muslimen helfen, ihre Weltsicht offensiv zu vertreten, wenn der Islam an sich nicht säkularisierbar ist?

Fragt Dein Pontifex maximus
Hans

Lieber Hans,

wir sollten aufhören, den Islam um Erlaubnis zu bitten, dass Muslime sich in Deutschland integrieren, denn diese Erlaubnis wird nie kommen. Es geht um Menschen. Und der Mensch steht über der Ideologie. Menschen brauchen Bildung, Arbeit, Nahrung und Sex. Alles andere ergibt sich von alleine. Für den Liebesspaß der Muslime kann der deutsche Staat wenig bis gar nichts tun, für Bildung und Arbeit aber viel. Thilo Sarrazin hat mal geschrieben: «Deutschland wird immer dümmer.» Er meinte, das Niveau des Bildungssystems in Deutschland und somit die Leistungen der Schüler würden immer schwächer. Auch wenn ich andere Thesen von ihm nicht teile, gebe ich ihm in diesem Punkt recht. Das deutsche Bildungssystem war auf die Bedürfnisse und die Kompetenzen einer deutschen bürgerlichen Familie zugeschnitten. Migrantenkinder waren nicht einkalkuliert. Die Schule ging davon aus, dass die Eltern zu Hause ihren Kindern bei den Hausaufgaben helfen. Was aber passierte mit Kindern, deren Eltern gar kein Deutsch konnten? Sie fielen durch die Lücken im System. Sonderschulen und Sonderklassen waren kurzfristig die Lösung, damit die schwächeren Schüler die Leistung der guten Schüler nicht beeinträchtigten. Aber auf Dauer konnte man das nicht aufrechterhalten, also kamen die schwächeren zurück und drückten das Niveau nach unten. Das war falsch. Man hätte die Leistungsfähigkeit der Migrantenkinder durch Sprachförderung und Ganztagsschulen anheben sollen, nicht umgekehrt.

Aber es geht nicht nur um die Leistungsfähigkeit in der Schule, sondern auch um die Debattenkultur. Viele Schulen sind mittlerweile echte Brennpunkte geworden, und ich meine nicht nur

Problemschulen in Problemvierteln. Ich war im Frühjahr 2014 in ein Gymnasium in Berlin Mitte eingeladen, um über Islam, Salafismus und Gewalt zu sprechen. Rund 160 muslimische Schüler waren bei diesem Vortrag anwesend. Ich war überrascht, wie begeisterungsfähig die meisten Schüler, Mädchen wie Jungen, für den Salafismus und den Dschihadismus waren. Einige von ihnen sahen die deutschen Islamisten, die in Syrien kämpfen, als Vorbilder, denn sie würden den Islam verteidigen. Auch die Lehrer waren entsetzt über die Ansichten ihrer Schüler. Besonders vom aggressiven Ton eines Jungen waren sie empört, der mit dem Finger auf sie zeigte, sie als unmoralisch und ungläubig bezeichnete und danach einen tosenden Applaus vom Rest der Schüler bekam. Ich erinnere Dich daran, dass dies ein Gymnasium und keine Hauptschule war.

Und das ist sicherlich kein Einzelfall. Bei Lesungen treffe ich oft auf Lehrerinnen und Lehrer, die von ähnlichen Erfahrungen berichten. Manche sagten mir, dass es ihnen von staatlicher Seite nahegelegt wurde, «empfindliche Themen» bei Diskussionen in der Schule zu vermeiden. Wo sonst sollen kontroverse Debatten stattfinden, wenn nicht in einer Schule? Aus Angst vor Ärger mit Muslimen kehrt man die Probleme lieber unter den Teppich. Im Namen der Vielfalt lässt man Phänomene wachsen, die eine pluralistische Gesellschaft gefährden. So einfach werden die Vorzüge des freiheitlichen Staates pervertiert! Wenn man Angst hat, dass die Themen Islam und Migration vom rechten Rand besetzt werden, dann sollte man diese Themen in die Mitte der Gesellschaft zurückholen und sie offen und ehrlich diskutieren. Da muss man auch an die Eigenverantwortung der Muslime appellieren: Sie sollen sich nicht immer beleidigt fühlen, wenn man bestimmte Aspekte ihrer Religion kritisiert, denn Kritik gehört zu einer offenen Gesellschaft, und sie gehört zum Humanismus.

Also muss das Bildungssystem neu strukturiert, müssen Lehrer besser ausgebildet und auf diese Herausforderungen vorbereitet werden. Wir brauchen Mut und Professionalität auf allen Ebenen, gerade in der Schule, sonst geht uns eine ganze Generation verloren. Eigentlich ist diese Generation fast zur Hälfte schon verloren.

Arbeit ist sicherlich das noch größere Problem. Gerade für Neuzugewanderte ist es schwierig, sich in einem Arbeitsmarkt durchzusetzen, der fast ausschließlich gut ausgebildete Fachkräfte braucht, die die deutsche Sprache beherrschen. Die Syrer sind eigentlich tüchtige Menschen, vielleicht die Tüchtigsten unter allen Arabern. In Ägypten leben bereits Millionen Syrer als Flüchtlinge und als normale Migranten. Sie sind dafür bekannt, dass sie kreativ und flexibel sind. Viele Flüchtlinge hatten in Kairo wenige Tage nach ihrer Ankunft schon eine Arbeit gefunden beziehungsweise Arbeitsplätze für andere geschaffen. Sie eröffneten Restaurants, Kioske, Lebensmittelläden. Wer nicht allzu viele Ersparnisse dabeihatte, arbeitete als Straßenverkäufer oder Tagelöhner.

Doch Ägypten ist nicht Deutschland. Bevor ein Migrant sich in Deutschland selbständig machen kann, muss er zahlreiche bürokratische Hürden überwinden. Erklär mal einem Syrer, der einen Lebensmittelladen in München aufmachen will, wie viele Versicherungen er vorher abschließen muss. Erklär ihm, dass es in Deutschland ein Rindfleischetikettierungsüberwachungsaufgabenübertragungsgesetz gibt. Allein beim Hören oder Lesen dieses Wortes könnte er tot umfallen. Über Hygieneverordnung, Brandschutzverordnung und

Steuergesetze will ich gar nicht reden. Kurzum, die deutsche Gründlichkeit kann Migranten auch im Wege stehen. Ich habe vor einigen Jahren im Spiegel einen Bericht über einen Deutschtürken gelesen, der sich in Deutschland selbständig machen wollte, doch die bürokratischen Hürden waren für ihn zu hoch. Er wanderte nach Australien aus und versuchte es zunächst mit einem Juwelierladen, hatte damit aber wenig Erfolg. Dann merkte er, dass das Brot dort nicht besonders gut schmeckt. Also entschied er sich, eine deutsche Bäckerei in Sydney zu eröffnen. Die Backwaren kamen tiefgekühlt aus Deutschland mit dem Flieger. So einfach. Das Konzept ging auf, die Australier liebten die deutschen Brötchen und Brezeln. Mittlerweile hat er neun Filialen in Sydney und Melbourne eröffnet mit über 70 Mitarbeitern. In Deutschland wäre es nie so schnell und reibungslos gegangen, denn hier hätte er zuerst eine Lehre als Bäcker machen und durch die Hölle der Bürokratie gehen müssen, bis er sein Ziel erreicht oder genervt aufgegeben hätte.

Und genau da soll Deutschland sich verändern. Es gibt Sachen, über die man hier nicht verhandeln darf, wie etwa Freiheit, Rechtsstaatlichkeit und Demokratie, doch über manche Details sollte man sich Gedanken machen. Flexibilität ist das Gebot der Stunde. Auch die deutsche Sprache sollte sich ein wenig öffnen. Das Wort «Einwanderer» ist nicht mehr zeitgemäß. Es stammt aus der Zeit, als Einwanderer Zigeuner waren (ja, ich darf Zigeuner sagen, Du aber nicht, weil Du Deutscher bist). Die Zigeuner ließen sich nicht an einem Ort nieder, sondern wanderten umher. Man verband mit ihnen zwar Temperament und Lebensfreude, aber auch Gefahr und Diebstahl. Warum wird aber ein Migrant auch nach zehn Jahren in Deutschland und trotz Arbeit und festem Wohnort immer noch «Einwanderer» genannt? Er wandert ja nicht mehr! Auch ein Flüchtling flüchtet nicht mehr in dem Moment, in dem er in Deutschland ankommt. Das wäre, als ob man einen Asylanten immer «der Mann, der über die Balkanroute kam» nennen würde. Man sollte übrigens auch die Artikel «der, die, das» vereinheitlichen und den Dativ und Genitiv abschaffen, damit Migranten endlich gescheit deutsch sprechen können. De facto ist dies bereits in den meisten deutschen Schulen der Fall, aber eben noch nicht offiziell.

Sicherlich reichen Flexibilität und Modernisierung der Sprache alleine nicht aus, um alle strukturellen Probleme der Integration zu lösen, doch auch ich habe da kein Patentrezept. Wie Karl Kraus einst sagte: Ich kann erkennen, wenn ein Ei faul ist, aber ich kann selber keine Eier legen! Auch ich kann eher Probleme diagnostizieren, Lösungen müssen aber die Politiker, Wirtschaftsexperten, Arbeitgeber und FAZ-Kolumnisten suchen.

Eigentlich bin ich Ägypter, und mein Heimatland hat noch größere Probleme als Deutschland: Die Wirtschaft liegt am Boden, die Touristen kehren dem Land den Rücken, Armut und Arbeitslosigkeit schießen in die Höhe, und Terroranschläge sind fast Alltag geworden. Aber komischerweise macht sich dort keiner Sorgen, dass das Land am Nil bald untergehen könnte. «Eure Probleme wollen wir haben», würden die meisten Ägypter sagen, wenn man ihnen von der hiesigen Debatte erzählen würde.

Man kann aber nicht Datteln mit Erdbeeren vergleichen. Deutschland hat ohne Zweifel echte Probleme, und ich bin ehrlich gesagt nicht optimistisch. Wir, wir alle, müssen einfach die Pobacken zusammenkneifen und durch! Mir gefällt das deutsche Wort «Selbstüberwindung» sehr. Ich glaube, die Lösung verbirgt sich in diesem einzigartigen Wort, das nur auf Deutsch existiert. Wie diese Selbstüberwindung aussehen soll, davon habe ich aber nicht die geringste Ahnung.

Es tut mir leid, dass ich Dein Land nicht retten kann, lieber Hans. Ich bin heute einfach nicht gut drauf, weil ich Zahnschmerzen habe. Und ich muss noch ein weiteres Buch über den Koran schreiben.

Ich wünsche Dir und Deutschland viel Glück,
Kraft und Allahs Segen!
Hamed

Moment mal, mein Lieber,

Du kannst nicht mal eben grundlegende Reformen der deutschen Bürokratie, des deutschen Bildungssystems und der deutschen Sprache fordern und Dich dann einfach mit Verweis auf Zahnschmerzen und den Koran aus dem Staub machen.

Worin ich Dir zustimme, ist, dass wir nicht länger den Status von Menschen, die als Flüchtlinge in dieses Land kommen, zementieren sollten. Jemand, der niemals die Chance darauf haben wird, Deutschland eines Tages seine Heimat nennen zu dürfen, wird logischerweise auch nicht versuchen, es zu seiner Heimat zu machen. Aber vielleicht liegt in genau dieser Spitzfindigkeit der Schlüssel für ein zukünftiges Gemeinwesen. Wir Bio-Deutsche müssen versuchen, Flüchtlinge nicht länger als Menschen zu betrachten, denen wir Asyl gewähren, sondern als potenzielle Teilhaber eines neuen Gemeinwesens, dessen juristisches Regelwerk die feste und unumstößliche Basis des Zusammenlebens liefert. Wer in diesem Sinne zum Gemeinwesen beiträgt, erarbeitet sich das Recht, es mitzugestalten. Ich will nicht schon wieder auf Hobbes' Leviathan herumreiten, aber das Bild des Staatsbürgers, der seine persönliche Macht zum Wohle aller der Gemeinschaft spendet, finde ich immer noch reizvoll.

Was ich aber eigentlich sagen wollte ist: Zahnschmerzen hin oder her, selbstverständlich braucht es Menschen wie Dich, um diese zukünftige Gemeinschaft zu bauen. Also reiß Dich zusammen – typisch deutsche Fähigkeit übrigens –, weil: Ich setze auf Dich!

Hans

Lieber Hans,

es war mir klar, dass Du als rechthaberischer Deutscher das letzte Wort haben wollen würdest. Aber den Spaß lasse ich Dir nicht. Merkst Du eigentlich nicht, dass die Worte «zusammen» und «reißen» sich grundsätzlich ausschließen? Eure Sprache ist der beste Beweis dafür, dass ihr euch das Leben ohne Not schwermacht. Aber vielleicht ist es das, was Deutschland am besten kann: zusammenbringen, was nicht zusammengehört, und somit wunderbare Lösungen für Probleme finden, die man vorher leicht hätte vermeiden können. Das macht Hoffnung. Aber auch Angst!

Wann lernst Du eigentlich Arabisch? Die Sprache ist übrigens ganz schön und bietet Auswege aus jeder Misere. Die wichtigsten zwei Worte sind *inscha'allah* und *al-hamdu-lillah*. Das eine bedeutet «Wenn Gott will» und das andere «Gott sei Dank». Außerdem könnten Dir ein paar Sätze Arabisch gelegentlich das Leben retten!

Mach's gut, mein Lieber! Die schwierigste Zeit steht uns erst bevor.

Hamed

MIX
Papier aus verantwortungsvollen Quellen
FSC® C083411

Das für dieses Buch verwendete Papier ist FSC®-zertifiziert.